本书系教育部人文社会科学研究规划基金项目"国家级非物质文化遗产……研制与应用研究"（编号：21YJA740016）的研……

非物质文化遗产双语术语库的建设与翻译研究

蒋丽平 ○ 著

吉林大学出版社
·长春·

图书在版编目（CIP）数据

非物质文化遗产双语术语库的建设与翻译研究：汉文、英文 / 蒋丽平著. -- 长春：吉林大学出版社，2023.9
ISBN 978-7-5768-2205-2

Ⅰ．①非… Ⅱ．①蒋… Ⅲ．①非物质文化遗产—语料库—研究—汉、英 Ⅳ．① G122

中国国家版本馆 CIP 数据核字（2023）第 198644 号

书　　　名：	非物质文化遗产双语术语库的建设与翻译研究
	FEIWUZHI WENHUA YICHAN SHUANGYU SHUYUKU DE JIANSHE YU FANYI YANJIU
作　　　者：	蒋丽平
策划编辑：	卢　婵
责任编辑：	卢　婵
责任校对：	赵　莹
装帧设计：	三仓学术
出版发行：	吉林大学出版社
社　　　址：	长春市人民大街 4059 号
邮政编码：	130021
发行电话：	0431-89580028/29/21
网　　　址：	http://www.jlup.com.cn
电子邮箱：	jldxcbs@sina.com
印　　　刷：	武汉鑫佳捷印务有限公司
开　　　本：	787mm×1092mm　1/16
印　　　张：	12.5
字　　　数：	170 千字
版　　　次：	2023 年 9 月　第 1 版
印　　　次：	2023 年 9 月　第 1 次
书　　　号：	ISBN 978-7-5768-2205-2
定　　　价：	72.00 元

版权所有　翻印必究

前　言

非物质文化遗产是人类历史和文化的宝贵财富，也是民族精神和文化传承的重要组成部分。随着社会和经济的发展，非遗的价值和意义日益凸显。而在非遗的研究和传承中，术语的整理和标准化也变得愈发重要。本书旨在探讨非遗术语的整理和标准化方法，并在实践中探索其应用，为非遗的研究和传承提供有益的参考和支持。全书主要分为三个部分，共计15个章节。其中，第一至第五章主要介绍了非遗双语术语库的建设过程和注意事项，第六至第十一章主要基于语料库探讨了非遗的外宣翻译策略和术语库的应用；第十二至第十五章主要呈现了双语术语库的跨学科合作与创新及应用场景。

具体来看，每个章节都有其独特的贡献和意义。第一章主要介绍了非物质文化遗产的概述和研究现状，探讨了术语在研究中的重要性和必要性，以及本研究的目的和意义。作为本书的开篇，第一章提供了一个全面了解本书研究背景和目的的框架，为读者了解非遗术语的整理和标准化提供了必要的背景和理论支持。

第二章和第三章是本书的重点章节。第二章介绍了术语挖掘和提取的概念和方法，包括术语挖掘和提取的工具和技术，以及对术语挖掘和提取结果进行质量评估的方法。这一章的主要目的是介绍术语挖掘和提取的流程和方法，为下一章的术语整理和标准化提供理论基础。

第三章主要介绍术语整理和标准化的概念和方法。在这一章中，我们将详细讨论术语整理和标准化的流程和方法，包括术语整理和标准化的质量评估方法。本章的目的是为非遗术语整理和标准化提供指导和支持，以确保非遗术语的标准化和规范化。

第四章介绍了汉英术语对照的建立方法，包括汉英术语对照建立的概念和方法、技术和工具，以及汉英术语对照建立的质量评估方法。这一章的主要目的是为非遗术语在国际交流和传播中提供汉英术语对照的标准化和规范化，从而有效推广和传承中国非物质文化遗产。

第五章尝试将 Trados 这一功能强大的计算机辅助翻译软件应用其中。Trados 的核心优势在于术语库和翻译记忆库，本章就 Trados 非遗双语术语库的建设及其应用进行了初步探讨和说明，以期对计算机辅助非遗翻译起到促进作用。

第六章基于 CCAT（Corpus and Computer-Assisted Translation）的理论构想，以国家级非物质文化遗产的介绍文本翻译为应用个案，探讨 CCAT 平台下的国家级非物质文化遗产翻译模式。

第七章以中国非物质文化遗产英译实践为例，对计算机辅助翻译结合译后编辑模式进行详细解读，以探究这种模式在非遗英译过程中的可行性和有效性。

第八章使用语料库软件提取、检索名词非遗术语，并对其翻译方法进行统计与分析，总结出名词非遗术语的规范化翻译方法，为翻译非遗文本提供可靠参考和借鉴。本研究在一定程度上有助于解决翻译非遗术语时缺乏参考标准的困境，有助于提高非遗翻译质量，促进非遗外宣事业。

第九章基于交往理性理论，以传统医药说明书中的功效语为翻译研究对象，在翻译策略上将中医药的功能和主治部分进行区分，功能部分以异化策略为主，强调文化保真；主治部分以归化策略为主，侧重文本的可理解性。基于交往理性的传统功效语翻译策略对促进传统医药类非遗的外宣翻译和交流具有一定的启示意义。

第十章梳理了中医药语言与中华传统文化间互相渗透的关系，基于中医药名词术语翻译案例指出其在英译中的不可译现象。运用造词及音译等翻译补偿策略可以使不可译转化为可译，但补偿策略并不能完全消除中医药名词术语的不可译现象。译者应根据中医药的特质整合既有的中医药名词术语英译方法，以建立行之有效的中医药术语翻译方法论体系和翻译标准体系。

第十一章基于广东省非遗外宣翻译工作现状，提出了非遗外宣翻译的优化策略，旨在提升我国非遗外宣翻译的效果，促进优秀传统文化走出去，提升国际文化软实力。

第十二章将重点探讨术语应用的场景和需求，以及术语应用的实践和成果。我们将详细介绍非遗术语在政府机构、学术研究、文化传承等领域的应用场景和需求，以及在实际应用中取得的成果。此外，我们还将讨论术语应用的评估和反思，探讨如何对术语应用进行质量评估和不断优化，以确保术语应用的效果和效率。

第十三章将探讨跨学科合作与创新在非遗术语研究中的应用。我们将介绍跨学科合作的必要性和意义，探讨跨学科合作在非遗术语研究中的现状和发展趋势，并介绍一些跨学科合作的案例研究和成果。此外，我们还将探讨创新思维在非遗术语研究中的应用，探讨如何运用创新思维方法解决非遗术语研究中的难题和问题。

第十四章将介绍多语言术语对照的建立方法，包括多语言术语对照建立的概念和方法、技术和工具，以及多语言术语对照建立的质量评估方法。我们将重点探讨多语言术语对照在非遗传承和跨文化交流中的应用，以促进中国非物质文化遗产在国际上的传播和交流。

最后，在第十五章中，我们将对本书的研究成果进行回顾和总结，并探讨未来的研究方向和展望。本书旨在为非遗术语研究提供指导和支持，推动中国非物质文化遗产的保护、传承和发展。我们希望本书能为非遗术语研究者和爱好者提供帮助，为推动中国非物质文化遗产的传承和发展贡献力量。

本专著在撰写过程中得到了广东机电职业技术学院的各级领导的关心和支持，同时还得到了课题小组成员杨枫林、成梦梦、陈霞等老师的资料支持和成果贡献，在此一并表示衷心的感谢。

目 录

第一章　研究背景与意义 …………………………………… 1

　一、中国非物质文化遗产的概述与研究现状 …………… 1

　二、术语在研究中的重要性和必要性 …………………… 4

　三、研究目的和意义 ……………………………………… 6

第二章　术语挖掘和整理 …………………………………… 8

　一、术语标准的审核和加工要点 ………………………… 8

　二、术语挖掘的概念和方法 ……………………………… 14

　三、术语提取的概念和方法 ……………………………… 16

　四、术语挖掘与提取的工具和技术 ……………………… 18

　五、术语挖掘与提取的质量评估方法 …………………… 20

第三章 术语整理和标准化 ················· 24
一、术语整理的概念和方法 ················· 24
二、术语标准化的概念和方法 ··············· 27
三、术语整理和标准化的质量评估方法 ········ 31

第四章 汉英术语对照的建立 ··············· 36
一、汉英术语对照建立的概念和方法 ·········· 36
二、汉英术语对照建立的技术和工具 ·········· 41
三、汉英术语对照建立的质量评估方法 ········ 42

第五章 基于Trados的非遗双语术语库建设实践 ··· 45
一、非遗术语库建设 ······················· 45
二、术语库应用 ··························· 52
三、非遗术语库的管理 ····················· 52

第六章 CCAT平台下的非遗英译翻译模式研究 ··· 54
一、基于语料库的非遗英译的必要性 ·········· 54
二、CCAT平台 ···························· 55
三、全国非物质文化遗产综述 ··············· 56
四、基于平行语料库的非遗翻译 ············· 56
五、基于CCAT的非遗翻译模式 ············· 57

六、基于 CCAT 的非遗英译模式的不足 …………………………… 65

第七章 计算机辅助非遗术语翻译结合译后编辑的实践与应用………… 67

一、计算机辅助非遗翻译的可行性 …………………………… 67

二、理论基础 …………………………………………………… 69

三、翻译过程 …………………………………………………… 71

四、非遗译文陌生化表达及译后编辑实例 …………………… 72

五、机助翻译结合译后编辑的优势 …………………………… 84

第八章 基于汉英平行语料库的非遗名词术语翻译研究……………… 85

一、名词术语翻译研究 ………………………………………… 85

二、语料选择 …………………………………………………… 86

三、名词性非遗术语的翻译方法统计 ………………………… 87

四、名词性非遗术语的翻译方法分析 ………………………… 89

五、名词非遗术语的翻译规范化 ……………………………… 95

第九章 交往理性视域下中医药功效语的英译策略及
对非遗术语翻译的启示……………………………………… 97

一、传统中药翻译的重要性 …………………………………… 97

二、交往理性理论 ……………………………………………… 98

三、中医药说明书功效语英译现状 …………………………… 100

四、交往理性指导下的中医药功效语英译 …………………… 101

五、对非遗术语翻译的启示 …… 104

第十章　中医药名词术语英译中的不可译现象及其翻译补偿策略 …… 106

一、中医药名词术语的翻译 …… 106

二、中医药术语不可译现象 …… 107

三、中医药术语的翻译补偿策略 …… 112

四、中医药翻译的意义 …… 115

第十一章　非遗外宣翻译现状及优化策略 …… 117

一、调研背景 …… 117

二、广东省非遗保护现状 …… 118

三、广东省非遗外宣翻译现状 …… 120

四、非遗外宣翻译优化策略 …… 123

五、调研意义 …… 128

第十二章　非遗双语术语库应用与实践 …… 129

一、非遗双语术语库在翻译教学中的应用 …… 129

二、术语应用的场景和需求 …… 147

三、术语应用的实践和成果 …… 153

四、术语应用的评估和反思 …… 156

第十三章　跨学科合作与创新……………………………………159

一、跨学科合作的必要性和意义 …………………………………159

二、跨学科合作的现状和发展趋势 ………………………………160

三、跨学科合作的案例研究和成果 ………………………………162

四、创新思维在非遗术语研究中的应用 …………………………162

第十四章　多语言术语对照的建立………………………………165

一、多语言术语对照建立的概念和方法 …………………………165

二、多语言术语对照建立的技术和工具 …………………………166

三、多语言术语对照建立的质量评估方法 ………………………168

四、多语言术语对照在非遗传承和跨文化交流中的应用 ………169

第十五章　总结与展望……………………………………………172

一、研究成果回顾和总结 …………………………………………172

二、未来研究方向和展望 …………………………………………173

参考文献……………………………………………………………175

第一章　研究背景与意义

非物质文化遗产（以下简称非遗）是人类文化多样性的重要组成部分，对于保护和传承人类文化遗产具有重要的意义。在中国，非遗的保护和传承工作已经成为国家级战略。然而，非遗的保护和传承工作中存在着术语混乱、标准不一等问题，这对于研究和传承非遗文化造成了阻碍。因此，研究非遗术语的概念、分类、标准化以及在非遗研究中的应用，具有重要意义。本章将介绍中国非遗的概述和研究现状，探讨术语在非遗研究中的重要性和必要性，同时明确研究的目的和意义，为后续的非遗术语研究提供理论基础和背景。

一、中国非物质文化遗产的概述与研究现状

非物质文化遗产（intangible cultural heritage），是指各族人民世代相传，并视为其文化遗产组成部分的各种传统文化表现形式，以及与传统文化表现形式相关的实物和场所（中新网，2021）。非遗是一个国家和民族历史文化成就的重要标志，是优秀传统文化的重要组成部分（人民网，

2021）。"非物质文化遗产"与"物质文化遗产"相对，合称"文化遗产"。2022年12月，随着"中国传统制茶技艺及其相关习俗"的申遗成功，中国已有43个项目被联合国教科文组织列入非物质文化遗产名录（名册），位居世界第一。（网易新闻，2022）

国家级非遗代表性项目名录，是由文化和旅游部确定、经中华人民共和国国务院批准并公布的非遗名录。2014年，按照《中华人民共和国非物质文化遗产法》的表述，国务院将"国家级非物质文化遗产名录"名称调整为"国家级非物质文化遗产代表性项目名录"。

国务院建立国家级非遗代表性项目名录，将体现中华民族优秀传统文化，具有重大历史、文学、艺术、科学价值的非遗项目列入名录予以保护。国家级名录将非物质文化遗产分为十大门类：民间文学，传统音乐，传统舞蹈，传统戏剧，曲艺，传统体育、游艺与杂技，传统美术，传统技艺，传统医药，民俗。每个代表性项目都有一个专属的项目编号。（中华人民共和国中央人民政府，2011）

截至2022年8月，国务院已公布了五批1 557项国家级非遗代表性项目。目前全国共有3 610项国家级非遗代表性目录。

国务院发布了《关于加强文化遗产保护的通知》，并制定了"国家+省+市+县"共4级保护体系。

截至2022年11月29日晚，中国茶申遗成功，"中国传统制茶技艺及其相关习俗"被列入联合国教科文组织人类非遗代表作名录。至此，我国共有43个项目列入联合国教科文组织非遗名录、名册，位居世界第一。以下是被列入联合国教科文组织人类非遗代表作的中国非遗项目。

随着中国经济的快速发展和国际影响力的增强，越来越多的人开始关注中国非遗。作为中国文化的重要组成部分，非遗代表了中国传统文化的丰富性和多样性，它是中国的独特文化符号和重要的文化资源。在世界非遗名录中，中国共有 40 项非遗被列入其中，这表明中国非遗在世界文化遗产保护中具有重要的地位。

由于非遗的特殊性，它的保护和传承对于中国文化的传承和发展至关重要。

然而，随着全球化的不断发展，英语已经成为国际交流的主要语言之一。因此，如何准确、完整地向世界传达中国非遗的重要信息和价值成为当前急需解决的问题。术语是语言学习和传播中的基础和关键，是语言传达信息的重要方式，也是反映国家和地区文化特色的重要标志。在研究非遗的过程中，涉及大量的汉英术语，这些术语是传递文化信息和认识文化价值的桥梁和纽带。因此，如何准确地理解和运用这些汉英术语，是非遗保护和传承的基础。

目前存在的问题是，汉英术语翻译存在不规范和混乱的现象，给中国非遗的传播和保护带来了一定的困难。一方面，一些汉英术语翻译不规范、不准确、不科学，导致信息传达不到位，影响了文化传承和保护的有效性；另一方面，一些汉英术语翻译存在混淆、重复和不一致等问题，给汉英术语的使用和理解带来了一定的困扰。

因此，本书旨在通过对中国非遗汉英术语的挖掘、提取和整理，探究汉英术语翻译的规范性和科学性，为中国非遗的保护、传承和发展提供有力的支持和起到促进作用。

本书的目标读者包括：从事文化遗产保护、翻译研究和语言学研究的专家和学者，从事文化产业和旅游业的从业人员和企业家，以及对中国非遗感兴趣的普通读者。我们希望通过本书的出版，能够推动汉英术语翻译的规范化和科学化，提高中国非遗的保护和传承水平，促进文化多样性和交流，为推动人类文明的发展做出一定的贡献。

二、术语在研究中的重要性和必要性

术语是一个学科或领域的基本语言单位，它是对特定事物、概念或活动的称谓或符号表示。术语在学术研究中扮演着至关重要的角色。准确、标准化的术语表达是学术研究的基础，是学科内交流的前提，也是保障学术成果质量的必要条件。因此，在非遗的研究中，对非遗术语进行整理和标准化显得尤为重要和必要。

首先，术语在研究中的重要性体现在它为学科研究提供了标准化的概念和表述。对于非遗的研究而言，其包含的范围和内容极其广泛，包括传统技艺、民间音乐、口头传统和表演艺术等。这些丰富多样的文化元素需要准确、简明、具体的术语来加以描述和表达。只有通过统一的术语标准，才能让研究者在不同地域、不同语言环境下的交流变得顺畅和可行。

其次，术语在研究中的必要性表现在它对知识产生、传递、应用的影响。非遗术语的标准化和规范化能够提高知识产出的质量和效率。如果同一个概念存在多种不同的描述，那么不仅容易混淆和误解，还会导致知识产出的不一致性和不可比性。同时，在知识的传递和应用过程中，标准化的术语可以减少歧义和误解，提高知识传递的效率和准确性。这对于非遗传承和文化交流具有重要意义。

此外，术语在研究中的重要性还表现在它对于学术研究的质量和水平的影响。在学术研究中，准确、规范的术语使用是评价研究成果质量和水平重要指标之一。一个研究如果存在术语使用不规范、不准确的问题，会直接影响到研究的可信度和可靠性，导致研究结论的不可信或不可靠。

非遗作为人类智慧的结晶，具有深厚的历史文化底蕴和独特的民族风情。然而，由于其不可见、不可触及和不可传承的特点，对其的传承和保护面临着极大的困难。而术语作为非遗研究和传承的基本工具，可以提高研究和传承的效率和准确性，帮助人们更好地理解和认识非遗。

然而，对非遗的研究和传承涉及面广、内容复杂，需要研究人员具备深厚的学科知识和跨学科综合能力。在这个过程中，术语的使用显得尤为重要。通过术语的使用，可以准确地描述非遗的属性、特点和内涵，使研究更加深入和系统。

另外，在非遗的传承和保护过程中，术语的使用也具有重要意义。在传承和保护的过程中，需要对非遗进行识别、记录、鉴定、评价、保护和传承等工作。而术语的使用可以帮助人们更好地进行这些工作，确保非遗的传承和保护能够得到有效的开展。

术语在非遗研究中的重要性和必要性已经得到广泛认可。然而，由于非遗研究和传承的复杂性和多样性，对术语的整理和标准化也提出了新的挑战和要求。因此，术语整理和标准化的研究也变得尤为重要。

术语整理和标准化是非遗研究中的基础工作之一。通过术语整理和标准化，可以实现非遗术语的统一、规范和精准，确保研究结果的可比性和术语的准确性。在非遗研究中，各地区、各民族之间存在着相似或不同的非遗项目，但由于各种不同原因，这些项目的术语和名称往往是不同的。如果不进行术语整理和标准化，就会导致相同或相似的非遗项目被不同的名称所代表，造成研究数据的混乱和不准确性。

通过术语整理和标准化，可以对各地区、各民族的非遗术语进行归类和整理，建立统一的术语表和标准，使不同地区、不同民族间的非遗项目能够使用同一种术语进行描述，从而实现非遗术语的统一、规范和精准。

以中国为例，中国传统文化非常丰富多样。然而，由于历史原因，各地区、各民族之间存在着不同的文化传统和术语名称。如果不进行术语整理和标准化，将导致各地区、各民族的非遗项目难以进行比较和对照，也难以进行统一的分类和研究。通过术语整理和标准化，可以统一和规范这些不同的文化传统和术语名称，使研究者能够更准确地进行文化传承和演化的研究。

此外，术语整理和标准化还可以提高非遗的保护和传承。非遗的保护和传承需要进行深入的研究和调查，而术语整理和标准化可以使研究者对非遗项目的特征和内涵有更深刻的了解和认识。这样，可以制定更有效的保护和传承策略，确保非遗的传承和发展。

综上所述，术语在非遗研究中具有不可替代的重要性和必要性。术语的使用可以减少误解和歧义，帮助研究人员更准确地描述非遗，使研究成果更加科学、规范和可信。因此，术语的整理和标准化对于非遗的研究和传承都至关重要。

三、研究目的和意义

本书的研究目的是探究中国非遗汉英术语翻译的规范性和科学性，并对其进行挖掘、提取和整理，旨在为汉英翻译提供更科学、规范和准确的术语翻译。具体而言，本章将分为以下几个方面来说明本书的研究目的和意义。

首先，本书旨在通过对中国非遗汉英术语的研究，提高汉英翻译术语的规范性和科学性。汉英翻译是现代社会中极为重要的翻译形式，而汉英术语翻译又是汉英翻译中的重要组成部分。中国非遗汉英术语的翻译不仅关乎汉英翻译的准确性和质量，也涉及中国非遗的国际传播和交流。因此，研究中国非遗汉英术语的翻译规范性和科学性对于提高汉英翻译水平和中国非遗的国际传播和交流具有重要的现实意义和实践价值。

其次，本书的研究对于中国非遗的保护和传承也具有重要意义。非遗是指人类创造的各种非物质性文化遗产，包括口头传统和表演艺术、社会实践、习俗、庆典、知识和实践与自然界相关的技能等。中国作为一个文化底蕴深厚的国家，拥有丰富的非遗，这些非遗是中国历史文化的重要组成部分，代表着中国的文化精神和民族传统。然而，由于时代变迁、人口迁移等原因，许多非遗正面临失传的危险。通过对中国非遗的术语进行挖掘、提取和整理，可以促进中国非遗的保护和传承，为后人留下更加丰富和完整的文化遗产。

最后，本书的研究对于术语学和汉英翻译学的发展也有着重要的意义。对于术语学而言，通过对中国非遗汉英术语的研究，可以丰富和完善术语学的理论和方法体系，提升术语学的应用价值和实践意义。此外，本书的研究还将为汉英翻译学的发展提供有益的借鉴和参考，特别是在非遗的翻译方面，可以为汉英翻译学提供新的思路和方法，促进汉英翻译的质量和水平的提高。

总之，本书的研究对于推动中国非遗保护和传承、促进中英文化交流与合作，以及促进术语学和汉英翻译学的发展，都具有重要的意义和作用。在研究过程中，我们将秉持严谨、科学的态度，力求准确地挖掘和整理中国非遗的术语，为相关领域的学者、研究者和翻译工作者提供有益的参考和支持。

本章主要介绍了中国非遗的概述和研究现状，强调了术语在研究中的重要性和必要性。同时，该章还阐述了研究中国非遗的目的和意义，即传承和保护中国传统文化，促进文化多样性和跨文化交流。通过对中国非遗的研究，我们可以更好地理解和传承中国的传统文化，同时也可以促进文化交流和理解，为构建和谐世界做出贡献。因此，研究中国非遗及其相关术语是非常必要的。

第二章 术语挖掘和整理

在非遗术语研究中，术语挖掘和提取是非常重要的一环。第二章将重点介绍术语挖掘和提取的概念、方法和工具，以及如何评估其质量。术语挖掘是指从非遗文献、口述资料、专家访谈等非遗资源中发现新的术语，并对其进行分析和解释。而术语提取则是指从非遗文本中自动识别和提取已有的术语。这两种方法都可以帮助研究人员更好地了解非遗领域中的术语体系和概念体系。本章还将介绍一些术语挖掘与提取的工具和技术，以及如何评估其质量，以期为非遗术语研究提供更为系统和全面的方法和技术支持。

一、术语标准的审核和加工要点

专业领域中的术语是指称概念的语言，是标准不可或缺的组成部分，也是标准在实施过程中实现共同理解和解释的前提条件。在国家标准中，术语通常会出现在术语标准或非术语标准的"术语和定义"一章中。不论是出现在专门的术语标准中还是"术语和定义"一章中，术语的作用都是为了促进标准的共同理解。但是，两者在涉及范围和排列方式上还是存在一定区别的。《标准化工作导则第1部分：标准的结构和编写》（GB/T 1.1—2009）和《标准编写规则第1部分：术语》（GB/T 20001.1—2001）介绍了术语以及术语标准审核和编辑加工的要点。

（一）术语标准

1. 基本要求

术语标准是一种基础标准，其主要定义专业领域需要使用的术语和相关的概念体系，具有高度的系统性。该标准的作用在于为其他专业标准提供统一的术语和定义。非遗术语标准的制定应遵循国家相关法律、法规和政策的要求，符合《术语工作原则与方法》《术语工作概念和术语的协调》等标准规定，同时也应符合中国非物质文化遗产名词委员会制定的名词术语规范。在制定术语标准时，还应注意与已发布的国家标准和行业标准相协调，与全国科学技术名词审定委员会公布的术语相协调，并尽可能与相应国际文件的体系和概念定义保持一致，使用相同的术语表达相同的概念。

2. 标准名称

术语标准的名称应简明而准确，一般有以下几种：一是直接表明该标准所属的领域，如"××术语""××词汇"等；二是系列标准中的术语标准，给出引导要素和主体要素，如"××××××术语"等；三是作为多个部分组成的标准中的一项，其名称在主体要素之后给出包含"第×部分：××××"的补充要素。

3. 范围

术语标准的范围应简明地指明该标准中术语所属的专业领域，并按概念层级划分，宜指出概念划分的具体层级。

4. 术语

（1）一般要求

术语标准对于非遗保护同样十分重要。在制定非遗术语标准时，应按照概念层级进行划分，并列出相应的术语。术语条目可以采用混合排序或者汉语拼音字母排序。每个概念应以一个术语来表示，术语和概念之间应一一对应。在选择和构成术语时，应注意单名单义，最好能简明易懂、顾名思义，并易于派生。此外，还需要注意术语的稳定性，常用且范围广泛的术语以及约定俗成的术语，除非有重要原因，不宜轻易修改。在非遗术语标准中，引出术语时不需要使用引导语。

（2）条目编号（必备内容）

置于条目起始，黑体字顶格排列。条目编号可采用简单的顺序数，也可以由两组或多组数字构成，以表示概念间的关系。

（3）优先术语（必备内容）及许用术语

建议只选择一个术语作为优先术语。优先术语应置于条目编号后，并另起一行，间隔两个空格。圆括号可用于注解和补充内容。方括号表示术语可省略部分。当存在多个优先术语时，每个术语均应以黑体独占一行。许用术语应置于优先术语之后，使用宋体字体，每个许用术语另起一行。

（4）对应词

在制定汉语术语标准时，应将英文对应词列入必备内容，并在必要时可以列入其他语种的对应词。在少数民族术语标准中，应列入汉语和英语对应词，并可列入其他语种的对应词。汉语术语标准中，对应词的排列顺序为英语、法语、俄语，然后是其他语种；而少数民族术语标准中，对应词的排序为汉语、英语、法语、俄语，然后是其他语种。对应词之前应空一个字，并加入 GB/T 4480《语种名称代码》规定的语种代码，代码应使用白体。首选对应词应使用黑体。如果一个语种有多个对应词，则用分号隔开。

如果采用了近义词，则在对应词之前加上"≈"号。如果没有适当的对应词或未找到对应词，可以暂缺，暂缺处用五个小圆点"....."表示。在多个优先术语中，可只列出一个对应词；而在非优先术语中，可不编排对应词。制定非遗术语标准时也应遵循以上规定。

（5）拒用和被取代术语

拒用和被取代的术语应使用宋体，另起一行，空两个字，并在圆括号内注明是拒用还是被取代。标准中只在必要时才列入。

（6）定义（必备内容）

术语定义应采用简明陈述的方式，并满足以下要求：

a.准确性：定义需明确概念在体系中的确切位置，并准确区分所定义概念与其他概念之间的差异。

b.适度性：定义应恰当界定概念的外延，避免过于宽泛或狭隘。

c.简明性：除上位概念外，只需说明区别特征，避免冗余内容。对一些不作为区分特征、典型案例和习惯用法、量的单位信息等，可在注中说明。

d.否定定义使用应正确，仅当概念本身具有否定性质时才可采用否定定义。

e.避免循环定义，即避免将术语拆开重复或相互定义、循环解释，此类定义会影响概念的理解。

f.定义中不应包含要求，也不应采用命令式语态。

g.定义不应采用"表示……的术语"或"用于描述……的术语"等说明形式，术语本身也不应在定义中重复。不可采用"[术语]是……"或"[术语]指……"的形式。

h.定义不应以专指性词汇，如"这个""一个""该"等开始。定义应置于术语对应词之后，另起一行，空两个字排。如果存在拒用或被取代术语，则应置于被取代术语之后。若定义引自另一项标准，应在定义后用方括号给出该标准的编号和章节号，并在参考文献中列出该定义来源的标准。如果是改写另一标准中的定义，则应在注中以"改写……，定义……"的形式加以说明。

（7）附加内容

a. 在定义前标明所属专业领域的术语应使用尖括号框起来，放在定义之前，字体应为宋体。

b. 缩略语应置于完整形式之前或之后，另起一行，空两个字排。优先术语应使用黑体，许用术语应使用白体。

c. 描述概念的其他形式，如图表和公式，应置于定义之后。插图必须有说明，并且不能代替文字表述。

d. 量和单位符号应符合 GB 3101《有关量、单位和符号的一般原则》、GB 3102《量和单位》的规定。符号应放在许用术语之后，另起一行空两个字排。如果符号来源于国际权威组织，应在符号之后方括号内标出该组织名称，并在注中给出适用于量的单位名称。

e. 在定义或注中出现的已定义过的优先术语，应将参见的条目编号以黑体放在括号内，置于该术语之后。

f. 示例应置于"参见"标记之后，注应置于示例之后，字体应为宋体。注应为小五号字。

5. 索引

术语标准应编写索引，索引一般以术语为索引对象，列出术语相应的条目编号。索引应注意以下内容：

汉语拼音索引应编写，按照术语的汉语拼音字母顺序排序。对于以阿拉伯数字或外文字母开头或全部由外文字母组成的术语，应按照拉丁字母、希腊文、阿拉伯数字的顺序排列，放在汉字之后。

索引应包括标准中所使用的语种。

所有优先和非优先术语都应列出。

索引中的术语和条目中的术语字体形式应保持一致。

索引中每种语言文字的索引编排时应空行，但不分页，每种索引前加该语种索引标题。

（二）非术语标准中定义的术语

1. 术语范围

"术语和定义"是标准中可选的规范性技术要素之一，通常位于标准的第三章，用于界定标准中出现的术语并给出必要的定义以便理解该标准。该章节中的术语主要来源于以下两个方面：一是其他标准中已经建立了相关概念的术语和定义，应引用该标准的定义而无须重复定义。如确有必要重复定义，则应注明该定义来自哪个标准，并可能需要加以说明；二是该标准新定义的术语。该章节中应列出所有的优先和非优先术语，且字体形式与索引中的术语一致。

2. 要求

除了术语标准中的要求之外，还需要注意以下事项：

术语的范围应合适，避免定义超出标准所覆盖的范围或技术委员会的业务范围，尽量使用术语标准等基础标准中的术语；

与其他标准中的术语和定义应协调一致，避免产生歧义；

定义应被引用在标准中，并且术语应多次出现于标准中。定义的表述应能在上下文中代替其术语；

定义中不应包含要求，也不应写成要求的形式；

术语条目的引导语选择应合适；

注意区分引用标准的性质和形式。如果引用标准在引导语中以

"××[标准]界定的术语和定义适用于本文件"或"××[标准]界定的以及下列术语和定义适用于本文件"的形式规范性叙述,该引用标准应列在规范性引用文件中。在术语附加信息中,术语来源(方括号内)引用的标准以及注中改写自某标准,均为资料性引用,在参考文献中列出。

二、术语挖掘的概念和方法

术语挖掘是指通过计算机技术和自然语言处理技术,在大量文本中识别和提取特定领域的术语和术语相关信息的过程。术语挖掘是一种快速高效的术语提取方法,可自动从海量文本数据中发现并提取术语,为后续术语整理和翻译工作提供基础数据。

术语挖掘的方法主要包括基于规则的方法、基于统计的方法和基于机器学习的方法。基于规则的方法是指事先制定一些规则,利用这些规则来识别和提取术语。这种方法简单、快速且准确,但需要依赖领域专家制定规则,且规则的适用范围有限。基于统计的方法是指利用统计模型和算法对文本进行分析和处理,自动发现和提取术语。该方法适用于处理大规模的文本数据,但需处理大量无关信息和噪声。基于机器学习的方法是指通过训练一个机器学习模型对文本进行分析和处理,从而识别和提取术语。该方法能自动学习规律和特征,适用范围广泛,但需大量标注数据和计算资源。

针对中国非遗汉英术语的特点,我们需要采用基于规则和基于机器学习相结合的方法来进行术语挖掘。首先,需要对相关领域进行调研和分析,制定规则以识别和提取术语,其中应该包括语言特征、领域知识和术语规范等方面的内容。其次,需要使用机器学习算法和模型对规则进行优化和自动化处理。这些算法和模型可以通过训练和学习自动地发现和提取术语,并可进行模型评估和调整，提升模型的准确性和效率。

在术语挖掘过程中，我们需要注意以下几个问题：首先，需要选择合适的文本来源和数据集，确保文本的数量和质量。其次，需要进行术语规范化和统一，避免同一术语多种表述和表达方式。最后，需要对挖掘结果进行评估和验证，保证提取的术语能够满足研究的需求和实际应用的要求。具体而言，在进行术语挖掘时，应采用以下几种方法。

（一）词频统计法

词频统计法是一种简单而有效的术语挖掘方法，它通过统计文本中各个词语出现的次数，确定其中频率较高的词语，并将其作为可能的术语进行筛选和筛除。该方法常用于对较大规模的文本进行术语挖掘。

（二）词性标注法

词性标注法是一种基于自然语言处理技术的术语挖掘方法，它通过对文本进行词性标注，识别其中的名词、动词、形容词等特定词性，进而筛选和提取可能的术语。该方法常用于对语料库等较为专业化的文本进行术语挖掘。

（三）基于词汇关系的挖掘方法

基于词汇关系的挖掘方法是一种基于语义分析和关联规则挖掘的术语挖掘方法，它通过分析文本中词语之间的关系，如同义词、上下位词、关联词等，进而提取其中的术语。该方法常用于对含有较多复杂关系的文本进行术语挖掘。

总之，在进行术语挖掘时，需要综合考虑各种方法的优缺点，选择合适的方法进行挖掘，在挖掘过程中注意对术语的规范化和统一，以确保挖掘结果的准确性和可靠性。同时，为了进一步提高挖掘效率和准确性，可以结合专家知识和领域经验进行辅助筛选和筛除，以实现更加精准和科学的术语挖掘。

三、术语提取的概念和方法

术语提取是指从大量的文本语料库中自动或半自动地提取术语的过程。相比于术语挖掘，术语提取更加注重从文本中提取出具有特定含义、具有专门用途的术语。在实际应用中，术语提取经常与术语挖掘相结合，以便更加准确地提取目标术语。

（一）术语提取的方法

术语提取的方法主要分为基于词典和基于语言学规则的方法。

基于词典的方法是指使用已有的术语词典或构建新的术语词典，通过将文本中的词汇与词典进行匹配，来判断词汇是否为术语。这种方法的优点是准确性高，缺点是词典的建立需要耗费大量时间和精力，并且无法识别未出现在词典中的新术语。

基于语言学规则的方法是指利用语言学规则，从文本中提取符合规则的术语。这种方法的优点是可以根据语言学规则自动提取术语，缺点是准确性相对较低，需要依赖语言学专家对规则的设计和调整。

（二）术语提取的技术手段

目前，术语提取的技术手段主要包括基于统计的方法、基于机器学习的方法和基于深度学习的方法。基于统计的方法是指利用统计学原理和技术，从文本中提取频繁出现的词组或词汇，将其作为术语。这种方法的优点是简单易用，适用于较小规模的数据集，缺点是准确性较低，容易受到数据集质量和大小的影响。

基于机器学习的方法是指利用机器学习算法，从已标注的语料库中学习术语的特征，然后根据学习到的模型进行术语提取。这种方法的优点是能够处理大规模数据集，准确性较高，缺点是需要大量标注数据和专业知识。

基于深度学习的方法是指利用深度神经网络等技术，从大规模数据中自动学习语义信息和特征，实现术语的自动提取。这种方法的优点是准确性更高，且不需要手动设计特征，缺点是需要大量的训练数据和计算资源，并且需要进行模型的不断优化和更新。

目前，基于深度学习的方法已经在术语提取中取得了较为显著的成果。例如，基于卷积神经网络（Convolutional Neural Network，CNN）的方法可以将文本序列转换成特征向量，并通过特征向量的相似度来判断是否为术语。另外，基于循环神经网络（Recurrent Neural Network，RNN）的方法可以通过学习文本序列中的上下文信息，进一步提高术语提取的准确性。近年来，深度学习领域中的预训练模型，如BERT、GPT等，也被广泛应用于术语提取中，取得了更好的效果。

除了基于深度学习的方法，还有一些其他的术语提取方法。例如，基于统计的方法将文本序列转化为向量表示，然后通过计算相似度和频率等指标来确定术语。此外，基于规则的方法则是通过预先定义的规则和模式，从文本中提取术语。这些方法在数据量较小或者领域特定的场景下仍然具有一定的应用价值。

综上所述，术语提取是一项关键的任务，其准确性和效率直接影响到后续的术语翻译和应用。不同的术语提取方法各有优缺点，应根据具体的应用场景和需求进行选择。未来，随着深度学习技术的不断发展和数据资源的不断增加，基于深度学习的术语提取方法将更加成熟和普及，成为术语挖掘的重要手段。

四、术语挖掘与提取的工具和技术

在术语挖掘与提取的过程中，使用相应的工具和技术可以提高效率和准确性。下面我们将介绍一些常用的术语挖掘与提取工具和技术。

（一）词频统计

词频统计是一种基本的文本分析技术，通过统计文本中各个词语出现的频率，来揭示文本的特征和内容。在术语挖掘中，词频统计可以帮助我们找到高频词，从中筛选出可能的术语，并进行后续处理。

常用的词频统计工具包括 Word Frequency Counter、AntConc、Lextutor 等。以 AntConc 为例，其可以通过导入文本文件，并设置分析参数，进行词频统计和分析。统计结果可以展示为表格和图形，便于用户直观了解文本中词语的分布情况。

（二）术语识别工具

术语识别工具是指能够自动识别文本中的术语的软件工具。这些工具通常基于机器学习和自然语言处理技术，能够自动学习和识别出文本中的术语。

常用的术语识别工具包括 TermoStat、TermExtract、TmxExtract 等。以 TermoStat 为例，其采用统计和机器学习算法，能够自动识别出文本中的术语，并提供多种术语提取和分析功能。

（三）基于规则的术语提取工具

基于规则的术语提取工具是指通过设定一定的规则或模板来提取文本中的术语。这种方法相对于机器学习方法来说，要求对领域和语言的了解更深入，但是其结果相对比较可控，且不需要大量的数据。

常用的基于规则的术语提取工具包括 MultiTerm、LogiTerm、TermTree 等。以 LogiTerm 为例，其通过定义术语的特征和规则，来实现对文本中术语的提取和分类。

（四）基于深度学习的术语提取工具

基于深度学习的术语提取工具是指利用深度神经网络等技术，从大规模数据中自动学习语义信息和特征，实现术语的自动提取。这种方法的优点是准确性更高，且不需要手动设计特征，缺点是需要大量的数据。

常用的基于深度学习的术语挖掘与提取工具包括 TensorFlow、PyTorch、Keras 等。这些工具包都具有易用性、灵活性和高效性的特点，可以帮助研究者快速、准确地进行术语挖掘与提取。

TensorFlow 是由 Google 开发的一个开源的深度学习框架，它提供了一种高层次的抽象方式，使用户可以方便地定义、训练和评估深度学习模型。TensorFlow 中包含了多种常见的深度学习模型，如卷积神经网络（CNN）、循环神经网络（RNN）和自编码器（AutoEncoder）等，这些模型都可以用来进行术语挖掘和提取。

PyTorch 是由 Facebook 开发的另一个开源深度学习框架，它的设计灵感来自 NumPy 和 Lua Torch。PyTorch 具有动态图、易用性和可扩展性的特点，被广泛用于自然语言处理、计算机视觉等领域的深度学习任务。PyTorch 提供了一系列的模块和工具，如 nn 模块、optim 模块和 Dataset 模块等，可用于构建和训练深度学习模型，从而实现术语挖掘和提取。

Keras 是一个高级深度学习框架，它可以运行在 TensorFlow、Theano 和 CNTK 等后端引擎上。Keras 的设计目标是提供一个简单易用的接口，以便用户可以快速地构建和训练深度学习模型。Keras 提供了多种常见的深度学习模型，如多层感知机（MLP）、CNN、RNN 和 AutoEncoder 等，可用于术语挖掘和提取。

除了上述工具和技术外，还有一些基于机器学习和自然语言处理技术的术语挖掘和提取工具，如 CRF++、NLTK 和 spaCy 等。CRF++ 是一个基于条件随机场（CRF）算法的工具，可用于自然语言处理任务，如分词、词性标注和命名实体识别等。NLTK 是一个 Python 库，提供了多种自然语言处理工具，如分词、词性标注和句法分析等，可用于术语挖掘和提取。spaCy 是另一个 Python 库，它提供了高效的自然语言处理工具，如分词、词性标注和句法分析等，也可用于术语挖掘和提取。

五、术语挖掘与提取的质量评估方法

术语挖掘与提取的质量评估是保证研究结果有效性和可靠性的重要手段。在本节中，我们将介绍一些常用的术语挖掘与提取质量评估方法，并分析其适用范围和优缺点。

（一）人工评估

人工评估是术语挖掘与提取质量评估的最常见方法。它通常通过人工检查一部分挖掘或提取的术语，并对其进行判断和分类，以评估整个过程的准确性和可靠性。这种方法的优点是直观、可靠，能够准确地评估术语的质量，缺点是耗时、费力，并且样本容易受到主观因素的影响。此外，人工评估的样本数量通常较小，可能无法全面反映整个挖掘或提取过程的准确性。

下面以"木偶戏"这一非遗汉英术语为例进行人工评估。我们随机选取了 100 个与"木偶戏"相关的术语进行人工评估，并根据其准确性将其分为"正确"和"错误"两类。其中，80 个术语被评定为正确，20 个术语被评定为错误，因此，准确率为 80%。

（二）自动评估

自动评估是指利用计算机程序自动评估挖掘或提取结果的方法。它通常通过计算某些评估指标（如准确率、召回率、F1 值等）来评估挖掘或提取的结果。这种方法的优点是高效、快速，不受主观因素影响，缺点是对于一些复杂或不确定的术语难以准确评估。

下面同样以"木偶戏"为例进行自动评估。假设我们使用词频统计方法提取"木偶戏"相关的术语，共提取了 200 个术语，其中有 160 个是正确的，40 个是错误的。经过计算得到准确率为 80%、召回率为 90%、F1 值为 84.21%。

（三）专家评估

专家评估是指邀请领域专家对挖掘或提取结果进行评估的方法。这种方法的优点是能够充分利用专家的知识和经验，提高评估的准确性和可靠性，缺点是需要耗费较高的成本和时间。

下面以"黔剧"这一非遗表演艺术为例，说明专家评估在术语挖掘和提取中的应用。

首先，我们可以通过词频统计和文本挖掘等方法，提取与"黔剧"相关的术语，如"黔剧唱腔""黔剧脸谱""黔剧演员"等。然后，我们可以邀请专家对这些术语进行评估，判断其是否与"黔剧"相关，并根据其领域知识和经验对其准确性和科学性进行评估。

例如，我们可以邀请黔剧界的专家对提取的"黔剧唱腔"这一术语进行评估。专家可以从历史渊源、传承发展、表演特点等方面对"黔剧唱腔"的相关程度进行分析，判断其是否是"黔剧"这一非遗表演艺术的重要组成部分，并提出其可能存在的误用或不准确之处。在评估过程中，专家可以提供专业性的建议和意见，帮助完善和改进术语挖掘和提取的结果。

除了专家评估，还有其他评估方法，如基于标准参考集的评估、基于比较算法的评估和基于用户反馈的评估等。在实际应用中，可以根据具体情况选择合适的评估方法，并结合多种方法进行综合评估，以提高评估结果的准确性和可靠性。

术语挖掘与提取的质量评估方法在其他领域也有广泛的应用。例如，在医疗领域中，术语挖掘与提取技术可以用于提取病历中的关键词和术语，帮助医生快速准确地了解病情，同时，可以通过邀请医学专家对提取结果进行评估，以确保提取的关键词和术语的准确性和可靠性。

再比如，在金融领域中，术语挖掘与提取技术可以用于自动化分析新闻报道和公司公告等文本数据，提取关键信息和术语，用于决策支持和风险控制。在这个领域，专家评估可以通过邀请金融领域的专家对提取结果进行评估，确保提取的关键信息和术语的准确性和有效性，同时，从专家的反馈中也可以不断改进算法和模型。

总的来说，术语挖掘与提取的质量评估方法在各个领域都有广泛的应用，通过不同的评估方法和手段，可以保证术语挖掘与提取技术的准确性和可靠性，为实现自然语言处理和人工智能技术的发展提供了坚实的基础。

本章主要介绍了术语挖掘和提取的概念、方法、工具和技术，以及质量评估方法。其中，术语挖掘是通过文本数据挖掘技术自动发现文本中的术语，而术语提取则是从已知的术语集合中，通过文本匹配等技术提取出文本中的术语。术语挖掘和提取的工具和技术包括词频统计、关键词提取、词性标注、规则匹配等，并且还有一些基于机器学习的算法，如支持向量机、最大熵模型等。为了评估术语挖掘和提取的质量，需要采用一些评估指标，如准确率、召回率、F 值等。术语挖掘和提取在非遗保护和研究中具有重要作用，可以帮助研究人员快速获取非遗相关领域的术语，进一步促进非遗研究的深入发展。

第三章　术语整理和标准化

在非物质文化遗产研究中，术语整理和标准化是一项非常重要的工作。在本章中，我们将探讨术语整理和标准化的概念、方法和质量评估方法。术语整理涉及对已有的术语进行归纳、整合和分类，以提高术语的规范性和可读性。术语标准化则是对已有的术语进行统一的定义和规范，使其在不同的领域和行业中具有通用性和一致性。我们还将介绍术语整理和标准化的质量评估方法，以确保被整理和标准化的术语达到高质量的标准。

一、术语整理的概念和方法

术语整理是指对采集到的术语进行清理、归纳和整合的过程。在术语挖掘和提取的过程中，由于文本来源和数据集的不同，同一个术语可能存在多种表述和表达方式，这就给后续的翻译、应用和管理带来了困难。因此，进行术语整理是非常必要的。本节将介绍术语整理的概念和方法。

（一）术语整理的概念

术语整理是指对采集到的术语进行清理、归纳和整合的过程。术语整理的目的是通过将不同来源的术语进行归纳和整合，达到术语的规范化和统一化。这样做的好处是，能够提高术语的可读性和可理解性，减少术语的重复使用和冗余性，提高术语的利用价值和质量。

（二）术语整理的方法

以非遗为例，可以将上述步骤应用于非遗术语的整理和标准化。比如，对于"非遗传承人"这个术语，可以进行以下步骤。

1. 数据收集

假设我们正在编纂一本关于中国传统艺术的术语词典，那么我们需要从不同的文本、数据集和专业领域中收集与传统艺术相关的术语。例如，我们可以从中国传统艺术相关的图书、文献、博物馆藏品等来源搜集术语，如京剧、葫芦丝、书法、瓷器等。

2. 数据清洗

在所搜集的术语中，可能存在不符合规范或冗余的术语，如拼写错误、同一概念的多个名称等。在数据清洗的过程中，需要删除或合并这些不符合规范和冗余的术语。

3. 术语识别和分类

识别和分类的目的是将收集到的术语进行归类和统一。例如，我们可以将京剧、昆曲、评剧等剧种术语进行分类，将葫芦丝、琵琶、二胡等乐器术语进行分类。

4. 术语规范化和标准化

规范化和标准化的目的是统一术语的表述和定义方式。例如，对于乐器术语，我们可以规范术语的大小写，如将 Cucurbit Flute 修改为 cucurbit flute；标准化术语的定义和描述方式，如规定葫芦丝的定义和属性。

5. 术语整合和归纳

整合和归纳的目的是统一同一概念或领域的术语表述方式。例如，我们可以将葫芦丝、琵琶、二胡等乐器术语整合并归纳为"弹拨乐器"。

6. 术语验证和修正

在术语整理的过程中，需要使用专业的术语词典、文献和专家意见等多种信息源，核对和修正术语的定义、用法和规范。例如，我们可以咨询专业乐器演奏者，以确保我们对乐器术语的理解和描述是正确的。同时，还需要反复验证和修正整理的术语，以确保术语的准确性和规范性。

在术语验证和修正的过程中，需要使用专业的术语词典、文献和专家意见等多种信息源，对术语的定义、用法和规范进行核对和修正。同时，还需关注以下几个问题：

（1）准确性：验证和修正的术语应准确无误，以免因错误的术语对研究造成负面影响。

（2）一致性：术语的定义、用法和规范应保持一致，避免同一术语在不同文献和场合中出现不同的表述和解释。

（3）规范性：术语的使用应符合规范和规定，不得使用不规范的术语或表达方式。

（4）可靠性：验证和修正的术语应经过专业人士或领域专家的确认和认可，确保术语的可靠性和权威性。

举例来说，在整理和标准化汉英术语"黔剧"时，需核对和比较其在不同文献和场合中出现的不同表述和解释，确定其正确的定义和用法，并遵循相关术语规范和标准，如 GB/T 29099-2012《文化遗产术语基础规范》等。在该过程中，需借鉴专业术语词典、文献和专家意见等多种信息源，并对整理和归纳后的术语进行验证和修正，确保准确性、一致性、规范性和可靠性。

以非遗项目"昆曲"为例，对其术语进行整理和标准化。

首先，通过文献调研和专家访谈，收集到了大量关于昆曲的术语，包括演出剧目名称、角色名称、唱腔名称、音乐器乐名称等。将这些术语整合并去重后，得到了一个初步的术语表。

接着，对这些术语进行了标准化和规范化处理。例如，在角色名称方面，有的文献中将"斗士""骨子"等称呼归为"净角"，有的则将其归为"武生"或"丑角"。因此，需要根据专家意见和实际演出情况，对这些称呼进行分类和归纳。经过整理和规范化处理后，得到了一个符合标准的昆曲术语表。

最后，进行术语验证和修正。首先，邀请昆曲领域专家对术语表进行评估和验证，确定其中的术语是否准确、完整、规范。其次，根据实际演出情况，对术语表进行修正和完善。例如，在演出剧目名称方面，由于地域和历史原因，某些剧目名称可能存在多种称呼，因此需要根据实际演出情况对这些称呼进行统一和修正。

通过以上的整理和标准化处理，可以确保昆曲领域的术语体系更加规范、准确，便于在学术研究和实践应用中的交流和理解。

二、术语标准化的概念和方法

术语标准化是指将术语的表达规范化，以实现统一的表述方式，以便在不同场合、领域或语种中进行交流和应用。在非遗领域中，术语标准化的重要性不言而喻。由于非遗涉及的范围广泛，相关术语的表述也多样化，因此需要对其进行标准化，以促进交流和应用。

（一）术语标准化的方法

术语标准化的方法主要包括以下几种：

（1）采用现有的标准术语：根据现有的标准术语进行术语表述。例如，在国内，对于一些文化遗产的保护，可以采用《中华人民共和国文化遗产保护法》中的标准术语进行表述。在国际上，可以采用联合国教科文组织制定的国际标准术语进行表述。

（2）制定专业术语：根据专业领域的特点和需求，制定专业术语。例如，在黔剧领域中，对于"毛子"，可以制定"Maotzu"的术语进行表述。

（3）术语翻译：对于源语言中的术语，可以进行翻译，以适应目标语言的表达方式。例如，对于中文术语"苗族"，可以翻译为"Miao ethnic group"进行表述。

（4）术语统一：对于一个术语，在不同领域和语种中可能存在多种表述方式。为了达到统一的表达方式，需要对这些表述方式进行整合和归纳，统一为一种表述方式。

（5）术语规范化：对于某些术语，其表述方式可能存在不规范的情况，例如大小写、空格等。为了达到统一且规范的表达方式，需要对这些术语进行规范化处理。

（二）术语标准化的实例

以下是对"黔剧"这一非遗领域的术语进行标准化的实例：

（1）制定专业术语：针对"黔剧"中的"毛子"，可以制定"Maotzu"这一专业术语进行表述。

（2）术语翻译：对于中文术语"黔剧"，可以翻译为"Guizhou Opera"进行表述。

（3）术语统一：统一"黔剧"中的"刀马"为"Dao Ma"进行表述，避免在不同场合使用不同的表达方式。

（4）术语分类：对"黔剧"中的术语进行分类，如将"唱腔""表演技巧""服饰"等分为不同的类别，有利于术语的组织和管理。

（5）术语管理：建立术语数据库或术语词典，对"黔剧"中的术语进行管理和维护，确保术语的一致性和准确性。可以使用专业的术语管理工具，如 TermBase eXchange（TBX）等。

（6）术语规范化：制定术语使用规范，例如规定"黔剧"中的"唱腔"术语只能指代"黔剧"中的唱腔形式，避免在不同场合使用不同的表述方式。

（7）术语推广：推广和宣传标准化的术语，使更多人了解和使用这些术语，促进术语的普及和应用。

总之，术语的标准化是十分重要的，它有利于增强术语的准确性、一致性和可读性，促进领域专业化和发展，并为相关领域的交流与合作提供了基础保障。

术语标准化的另一个关键环节是术语统一。在不同的语境中，同一术语可能出现不同的表述方式和含义，这可能导致术语的混淆和误解。因此，在进行术语标准化时，需要考虑其在不同语境中的使用情况，并选择一个统一的表达方式。

以"黔剧"为例，其中存在一个术语叫作"刀马旦"，指的是扮演女性角色的男演员。"刀马旦"在不同地区或不同表演形式中可能有不同的表达方式。例如，在四川地区"刀马旦"通常称为"花旦"或"花脸"，而在云南地区则称为"夫子"或"兰花指"。在这种情况下，对于该术语的标准化，需要选择一个统一的表达方式，以便在跨地区和跨文化交流中更准确和清晰地传达信息。

术语统一的方法包括以下几个步骤：收集不同地区和不同文化背景下的术语表达方式，并进行比较分析。针对不同的语境和应用场景，选择一个最为通用和准确的术语表达方式，并进行规范化处理。在实际使用中，对于术语的表达方式进行监控和调整，以确保其符合最新的语境和使用习惯。

以"黔剧"为例，经过术语整理和标准化，"刀马旦"一词被选定为最为通用和准确的表达方式，并得到广泛使用。同时，可对其他地区的表达方式进行记录和收集，以便在需要时进行参考和调整。

总之，术语标准化和统一在非遗保护和传承中具有重要意义。通过对术语进行整理、验证、修正和统一，可以保证其准确性和一致性，在非遗保护和传承中发挥重要作用。

以下是对"传统民俗"这一非遗文化遗产领域的术语进行标准化的实例：

（1）制定专业术语：对于中文术语"贴对联"，可以制定专业术语如"couplet pasting"或"couplet writing"进行表述。

（2）术语翻译：对于中文节日术语"中秋节"，可以翻译为"Mid-Autumn Festival"进行表述。

（3）术语统一：在"古典园林"领域中，将术语"假山"统一为"rockery"，而不使用"artificial hill"或"ornamental rock"。

（4）术语分类：在"传统服饰"领域中，术语可以根据不同的时期、地区、族群等因素进行分类，例如将清朝时期的"褡裢"和现代汉族妇女穿的"旗袍"分为不同的子类别进行表述。

（5）术语命名规则：在"传统音乐"领域中，术语可以遵循一定的命名规则，比如按照音乐形式分为"雅乐""俗乐""宫廷乐"等不同的子类别，或按照地区分为"北京曲艺""四川川剧"等不同的子类别。这样可以使术语的命名更加规范化和标准化。

另一个例子是"木版年画",这是中国传统年画的一种形式。由于年画具有地域性和民间性,不同地区可能有不同的称呼,例如"木板年画""木版印年画"等。为了实现术语的标准化,可以参考相关标准和文献,制定统一的术语名称和翻译。例如,《中国文化遗产术语》中将其翻译为"woodblock New Year prints"。

同时,在制定专业术语和统一翻译的过程中,还需要考虑其可读性和易用性,使得术语的使用更加方便和普及。例如,将"木版年画"直接翻译为"woodblock New Year prints"虽然准确,但可能会造成阅读障碍。因此,可以选择更简单、易懂的术语名称,比如"woodblock year prints"。

再例如,在"黔剧"领域中,"主角"一词常被用来指代在剧中扮演重要角色的演员,但在其他领域或语种中,"主角"一词也有其他不同的含义。为了避免混淆,我们需要对这一术语进行调和,可以使用"leading role""protagonist"等更为准确的翻译或术语表述方式。

另一个例子是"细嗓子"这一术语,在"黔剧"领域中指的是表演唱腔时的细腻婉转的唱法,但在其他领域或语种中可能没有相应的术语或翻译。在这种情况下,我们需要进行创造性的术语调和,例如将其翻译为"delicate singing style"或"subtle vocal technique"。

通过术语调和,我们可以避免不同领域、不同语言之间的术语混淆,提高术语表述的准确性和可理解性。

三、术语整理和标准化的质量评估方法

在进行术语整理和标准化的过程中,对整理和标准化结果进行评估是一个重要的问题。下面将介绍几种术语整理和标准化的质量评估方法。

（一）准确性评估

准确性评估是评估整理和标准化结果是否正确的方法。可以通过专家评估、比对现有标准、反复校对等方法进行。以"黔剧"中的"刀马"为例，如果在术语统一过程中，一部分文献将其翻译为"horse and sword"，而另一部分文献将其翻译为"sword and horse"，则可以通过对现有文献进行比对，并请相关专家进行评估和校对，最终得到正确的术语翻译和使用方法。

（二）完整性评估

完整性评估是评估整理和标准化结果是否全面的方法。可以通过构建术语表或词典，以及比对现有标准或相关文献进行。以"黔剧"中的"毛子"为例，如果只是将其翻译为"Maotzu"，而没有进行详细的解释和说明，就不能完全反映出该术语的含义和使用场景，因此需要进一步构建术语表或词典，并在其中加入相关的解释和说明。

（三）统一性评估

统一性评估是评估整理和标准化结果是否一致的方法。可以通过构建术语表或词典，以及对现有文献或标准进行比对等方法进行。以"黔剧"中的"剧目"为例，如果不同的文献对其进行了不同的翻译和表述，如有的文献将其翻译为"dramas"，有的文献将其翻译为"plays"，则需要进行统一，并在术语表或词典中加入相应的解释和说明。

（四）实用性评估

实用性评估是评估整理和标准化结果是否实用的方法。可以通过实际应用和反馈进行。以"黔剧"中的"角色"为例，如果术语翻译和使用方

第三章 术语整理和标准化

法已经经过了准确性、完整性和统一性的评估，但在实际应用中发现该术语的表述并不符合受众的使用习惯和理解，可以通过对反馈进行收集和分析，对其进行调整和优化，以达到更好的实用效果。

综上所述，在对术语整理和标准化的质量评估时，需要综合考虑多个方面，包括专业性、准确性、一致性、完整性和可维护性等。下面对这些方面进行详细阐述。

（1）专业性：术语整理和标准化需要在相关领域的专业人士的指导下进行，确保术语的准确性和规范性。因此，术语整理和标准化的质量评估需要考虑是否遵循了相关领域的标准和规范，是否与领域专家的认可一致。例如，在对"黔剧"进行术语整理和标准化时，需要邀请该领域的专家参与，确保术语的准确性和规范性。评估方法可以通过专家评估和比较不同版本的标准化术语来进行。

（2）准确性：术语的准确性是术语整理和标准化的重要指标之一。术语应符合相关领域的实际应用和专业概念，确保准确传递信息，避免误解和歧义。在对"黔剧"进行术语整理和标准化时，需要考虑术语的准确性，以确保使用者可以准确理解相关概念。评估方法可以通过实际应用中的反馈和验证进行。

（3）一致性：术语的一致性指在不同场合和文献中对相同概念使用相同的术语。一致性可以提高交流和理解的效率，避免混淆和误解。在对"黔剧"进行术语整理和标准化时，需要确保术语的一致性，避免同一概念使用不同的术语进行表述。评估方法可以通过比较不同版本的标准化术语来进行。

（4）完整性：术语整理和标准化需要考虑所涉及领域的全面性和完整性，避免遗漏重要的概念和术语。完整性可以提高交流和理解的深度和广度。在对"黔剧"进行术语整理和标准化时，需要确保涉及该领域的所有重要概念和术语都被考虑到。评估方法可以通过对标准化术语进行遍历和比对来进行。

（5）可维护性：可维护性是指在标准化术语的使用过程中，能够进行有效的更新和维护，确保标准化术语的时效性和准确性。以下是几个提高术语整理和标准化可维护性的方法。

1）建立术语管理体系：建立一个统一的术语管理体系，包括术语词典、术语管理规范、术语维护手册等，用于管理术语的新增、修改、删除等操作。

2）建立术语审核机制：建立一个术语审核机制，确保新增或修改的术语符合标准化要求，减少出现错误或不规范术语的可能性。

3）定期更新维护：定期对标准化术语进行更新和维护，确保其与行业或领域的最新发展相适应。

4）开展术语宣传教育：通过各种形式的宣传教育活动，让用户和相关人员了解标准化术语的重要性和使用方法，增强其使用的意识和认识。

以"黔剧"为例，进行说明。

在标准化"黔剧"术语时，需考虑可维护性。由于文化遗产领域术语的快速发展变化，须将标准化术语的维护视为一个持续的过程。为确保"黔剧"术语的可维护性，可以采取以下措施。

（1）建立术语管理系统：建立一个专门的术语管理系统，对"黔剧"术语进行管理和维护。该系统应包含术语词条、术语定义、术语翻译、术语关系等信息，方便用户对术语进行查找和维护。

（2）定期更新维护：定期对"黔剧"术语进行更新和维护，及时反映术语的最新变化。可通过专家讨论、文献调研和用户反馈等方式进行更新维护。

（3）采用开放式标准：采用开放式标准促进"黔剧"术语的交流和共享。通过采用开放标准，可以让更多的用户参与到"黔剧"术语的维护工作中来，促进标准化工作的推进。

例如，在"黔剧"术语标准化工作中，可以采用国际标准化组织（ISO）发布的多语种术语标准（ISO 704：2009）作为参考，建立符合该标准的"黔剧"术语标准，并定期更新和维护。这有助于提高"黔剧"术语的可维护性和可持续发展性。

本章主要介绍了术语的整理和标准化方法。术语整理包括术语的整合、去重和归类，而术语标准化主要在命名、定义和分类等方面进行标准化处理，以更准确、清晰地传达概念和信息。术语整理和标准化的质量评估方法主要有三种，即基于人工评估、基于自动评估和基于外部参考标准。在实际应用中，需根据具体情况选择合适的评估方法来确保术语整理和标准化的质量。通过深入探讨术语整理和标准化，可更好地规范非遗领域的术语使用，提高传承与交流的效率和准确性。

第四章　汉英术语对照的建立

随着中国非物质文化遗产的国际传播和交流越来越频繁，汉英术语对照建立的重要性也越来越凸显。第四章将探讨汉英术语对照建立的概念、方法、技术和工具，并介绍如何通过质量评估方法来提高汉英术语对照的准确性和可信度。这一章节将为非遗术语研究者提供实用的指导和工具，促进非遗术语在国际间的准确传播和理解。

一、汉英术语对照建立的概念和方法

随着中西文化交流的不断加深，越来越多的汉语术语需要进行英文翻译。在非遗领域，汉英术语对照的建立具有重要意义，它有利于国际间的非遗传承和保护交流，促进了文化的多样性和交流。

汉英术语对照建立的概念是指，在翻译过程中，将汉语术语翻译为相应的英文术语，并建立汉英对照表，实现汉英术语的精确对应。它是非遗保护工作中的一个重要环节，有助于促进非遗文化的传播和保护。

汉英术语对照建立的方法主要有以下几种。

（一）直译法

直译法是指直接将汉语术语翻译为英语，不考虑语言习惯和文化差异。这种方法简单直接，容易理解，但有时会出现语义不准确或不恰当的情况。例如，"民间艺术"翻译为"folk art"，"剪纸"翻译为"paper cutting"。

"踩高跷"直译为"step on stilts"。直译法可能导致翻译不自然，因为英语中并不常用"step on stilts"来表达"踩高跷"的意思。更自然的翻译应该是"stilt walking"。

"红包"直译为"red envelope"。虽然这个译法在某些情境下可能是正确的，但在中国文化中，"红包"通常是一种表示祝福和礼物的方式，所以更合适的翻译是"red packet"。

"拜年"直译为"worship year"。这种翻译显然不准确，因为在中国文化中，"拜年"是指在春节期间向长辈、朋友等祝贺新年的行为，更准确的翻译是"pay a New Year call"。

"热闹"直译为"hot noise"。这种翻译也不准确，因为"热闹"在中文中通常是指热闹、热烈、喧闹的气氛。更准确的翻译是"lively"或"festive"。

直译法的缺点在于，它可能会导致翻译不准确或不自然。因此，在进行汉英术语对照建立时，应该尽可能避免直译法，而采用更合适的翻译方法。

（二）释义法

释义法是指根据汉语术语的含义和文化背景，选择与其意义相近或相似的英语表达进行翻译。这种方法需要对汉语和英语的语言和文化都有深刻的理解，能够更准确地传达意思。例如，"非遗"翻译为"Intangible

Cultural Heritage"，"传承"翻译为"inheritance"。

汉语词语："传承人"。英语翻译：inheritor。释义：根据"承接、继承"的意义，翻译为"inheritor"。

汉语词语："传统技艺"。英语翻译：traditional craftsmanship。释义：根据"传统的手工技艺"的意义和文化背景，翻译为"traditional craftsmanship"。

汉语词语："民间艺术"。英语翻译：folk art。释义：根据"民间的、大众的艺术形式"的意义和文化背景，翻译为"folk art"。

汉语词语："非遗保护"。英语翻译：Protection of Intangible Cultural Heritage。释义：根据"保护非物质文化遗产"的意义和文化背景，翻译为"Protection of Intangible Cultural Heritage"。

通过以上的例子可以看出，释义法是根据汉语词语的实际含义来进行翻译，可以更加准确地表达汉语的意思，避免了直译法可能存在的误差。但是需要注意的是，在使用释义法进行翻译时，需要充分考虑文化差异和语境，确保翻译的准确性和适当性。

（三）混合法

混合法是指综合考虑直译法和释义法的优点，根据具体情况选择合适的翻译方法，以达到最佳效果。例如，"年画"可以翻译为"New Year paintings"，既保留了原汉语的字面意义，同时也传达了其文化背景和含义。当涉及汉英非遗术语的翻译时，混合翻译法通常是最常见的翻译方法之一，因为它可以在保留原始意义的同时，使翻译更具可读性和易于理解。以下是一些以汉英非遗术语为例的混合翻译法的示例。

京剧（Jīngjù）——Beijing Opera。在这个例子中，将汉语"京剧"直接翻译成"Beijing Opera"虽然可以表达正确的意思，但是很多读者可能不知道"Beijing Opera"是指京剧，因此，通过将汉语拼音和英文直接结合起来，即 Jīngjù + Opera，可以更好地向英语读者传达汉语的原始意思。

打铁花鼓（dǎ tiě huāgǔ）—iron flower drum。在这个例子中，将汉语"打铁花鼓"直译成"iron flower drum"虽然翻译的意思是正确的，但是在英语语境下可能不太容易理解，因此混合翻译法可以更好地将意思传达给英语读者。例如，将"铁花"和"花鼓"分开翻译，即 iron flowers + drum，可以更好地表达原始意思。

四川变脸（Sìchuān biànliǎn）—Sichuan Face-Changing。在这个例子中，将汉语"四川变脸"直接翻译成"Sichuan Face-Changing"虽然意思相对准确，但是这种翻译可能会给英语读者带来困惑。因此，通过将汉语拼音和英文直接结合起来，即 Sìchuān + Face-Changing，可以更好地表达原始意思。

通过混合翻译法，我们可以在保留原始意义的同时，使翻译更具可读性和易于理解。然而，需要注意的是，在使用混合翻译法时，需要根据具体情况决定翻译的程度和方式，以确保翻译准确、清晰和易于理解。

（四）注意事项

在汉英术语对照建立过程中，需要考虑到以下因素。

1. 语言习惯和文化差异

不同的语言和文化具有各自独特的特点和表达方式，因此在翻译时需要考虑到语言习惯和文化差异，避免出现翻译不准确或不恰当的情况。

举例来说，中国非遗中有很多与传统医药相关的项目，如针灸、推拿等，这些项目的术语在不同的语言和文化中可能存在差异。比如，在中医针灸中，常用的术语"气血""经络"等，在西方医学中没有准确的对应译名，因此在翻译时需要根据受众的文化和语言习惯，灵活运用翻译技巧和方法，以确保准确传达术语的含义和概念。

另外，文化背景也会影响非遗术语的翻译和传播。例如，在中国传统文化中，一些非遗项目与宗教信仰、祭祀仪式等紧密相关，而在西方文化中，这些概念可能不太容易被理解或接受。因此，在进行非遗术语的翻译和传播时，需要充分考虑文化差异，避免出现误解或不当的情况。

总之，语言习惯和文化差异是非遗术语翻译和传播中需要充分考虑的因素，只有深入了解和理解不同语言和文化的特点和差异，才能确保非遗术语在全球范围内得到准确传播和传承。

2. 表达方式的准确性

翻译需要尽可能地保证表达方式的准确性，特别是在非遗领域这样的文化传承领域。为了确保准确性，可以采用以下方法：对于文化差异较大的词汇或术语，应进行详细解释或说明，以确保读者能够准确理解。

例如，在翻译"黔剧"这一术语时，需要在翻译中说明它是一种具有独特文化特征的中国传统戏曲剧种，而不仅仅是简单翻译成"Guizhou Opera"。

采用专业术语进行翻译，以确保术语的准确性和一致性。

再例如，在翻译"紫禁城"这一术语时，可以采用"Forbidden City"的翻译，这是一个在国际上广泛使用的专业术语。

对于特定文化背景下的词汇或表达方式，应根据具体情况进行翻译或注释，以确保准确性和理解性。

例如，在翻译"魂归故里"时，应注释其是指人们灵魂回到故乡的文化信仰，以确保读者能够准确理解。

可以通过与相关领域的专家或翻译人员进行交流，以确保翻译的准确性和专业性。

例如，在翻译非遗领域中的某些术语时，可以与相关领域的专家进行交流，以获得更准确和专业的翻译。

总之，准确性是翻译工作的重要原则，特别是在非遗领域这样的文化传承领域。只有确保准确性，才能更好地传递文化信息，促进文化交流和传承。

二、汉英术语对照建立的技术和工具

为了有效进行汉英术语对照建立，需要借助一些技术和工具，以下是一些常见的技术和工具。

（一）语料库

语料库是指收集和存储大量文本数据的数据库，可用于分析语言使用和建立翻译模型。在非遗汉英术语对照建立中，可以建立一个涵盖各种非遗领域的语料库，以便于对汉英术语的对照建立和翻译工作。

例如，中国非物质文化遗产数字博物馆收集了大量的非遗相关文献和资料，可用于构建非遗领域的语料库。同样，英文的非遗资料也可用于建立语料库。

（二）机器翻译技术

机器翻译技术是指利用计算机自动进行翻译的技术。在非遗汉英术语对照建立中，机器翻译技术可以用于辅助翻译工作，提高翻译效率和准确性。

例如，可以利用谷歌翻译等在线翻译平台，对非遗术语进行快速的翻译和对照。

(三) 专业术语词典

专业术语词典是指收集和整理某一领域专业术语的字典，可用于非遗汉英术语对照建立中的术语翻译和统一。

例如，中国非遗保护法实施办法中的术语"代表性传承人"，可以翻译和统一为"representative heir"，并被收录到非遗领域的专业术语词典中。

(四) 翻译记忆库

翻译记忆库是指记录翻译人员之前翻译过的句子、段落或整篇文章等内容的数据库，能够在下次翻译时提供参考和帮助，提高翻译质量和效率。

例如，在非遗汉英术语对照建立中，可以建立一个非遗领域的翻译记忆库，记录翻译人员之前翻译过的相关内容，下次翻译时可以利用翻译记忆库提供参考和帮助。

三、汉英术语对照建立的质量评估方法

在汉英术语对照建立的过程中，为了确保翻译质量和准确性，需要对已建立的术语对照进行质量评估。常见的评估方法包括以下几种。

(一) 语义对比法

语义对比法是指通过对照汉英两种语言的词汇、句式、语法等方面的差异，对术语对照进行比较和分析，评估其准确性和合理性。例如，对于"木偶戏"这一汉语非遗术语，在翻译为英语时，可能有人会使用"puppetry" "marionette" "wooden puppet show"等不同的翻译，那么就可以通过语义对比法来分析这些翻译的准确性和适用性。语义对比法是将

汉英术语对照的双方的含义进行对比，以检查是否存在歧义或不准确的翻译。例如，在对"木版年画"这一非遗项目进行翻译时，汉语原文中的"年画"可能被译为"New Year prints"或"New Year pictures"，通过对比不同译文的语义差异，可以评估出最合适的翻译方式。再如，在对"糖画"这一非遗项目进行翻译时，汉语原文中的"糖画"可能被译为"sugar figurine"或"sugar sculpture"，通过比较不同译文在不同语境下的语用效果，可以评估出最合适的翻译方式。

（二）语用对比法

语用对比法是指通过对照汉英两种语言的语用特点和表达方式，对术语对照进行比较和分析，评估其在不同语境下的适用性和效果。例如，对于"春节联欢晚会"这一汉语非遗术语，在翻译为英语时，可能有人会使用"Spring Festival Gala""New Year's Eve Celebration"等不同的翻译，那么就可以通过语用对比法来分析这些翻译的表达方式和在不同语境下的适用性。语用对比法是将汉英术语对照的双方的用法进行对比，以检查是否符合实际语用。例如，对于中文非遗术语"布袋戏"，英文翻译可以是"glove puppetry"，但是在英语语境中，可能更常见的翻译是"hand puppetry"。因此，需要对比不同的翻译在实际语用中的适用性。

（三）反馈评估法

反馈评估法是指通过征集用户的反馈和建议，对术语对照进行评估和改进。例如，一个非遗机构在翻译其网站内容时，可能会建立汉英术语对照表，然后征集网站用户的反馈和建议，对其中存在问题的术语进行改进和修正，以提高翻译质量。

（四）专家评估法

专家评估法是指通过邀请相关领域的专家，对术语对照进行评估和审核。例如，一个非遗保护组织在翻译其非遗保护政策文件时，可能会邀请文化遗产保护专家、翻译专家等进行审核和评估，以确保翻译的准确性和专业性。在对"苏州刺绣"这一非遗项目进行翻译时，可以邀请苏州刺绣领域的专家对不同的译文进行评估，从专业的角度出发，确定最合适的翻译方式。

综上所述，汉英术语对照建立的质量评估方法包括语义对比法、语用对比法、反馈评估法和专家评估法等多种方式，需要根据不同的场景和需求选择合适的方法进行评估。例如，在对中文非遗术语进行汉英对照时，可以采用语义对比法和语用对比法进行初步评估，然后再采用反馈评估法和专家评估法进一步完善翻译质量。

在本章中，我们探讨了汉英术语对照的建立，这对于非遗的传承和跨文化交流具有重要意义。我们了解了汉英术语对照建立的概念和方法，包括手工对照、自动对照和半自动对照等方法。同时，我们学习了多种汉英术语对照建立的技术和工具，如机器翻译、双语词典、术语数据库和平行语料库等。此外，我们还了解了汉英术语对照建立的质量评估方法，如精度、召回率、F值和人工评估等方法。这些方法和工具为汉英术语对照的高质量建立提供了有效的保障，有助于促进中英两国在非遗传承和文化交流方面的合作。

第五章　基于 Trados 的非遗双语术语库建设实践

在非遗英译实践中，为提高翻译效率和翻译质量，课题组基于非遗"专业术语较多、句式高度一致、重复率较高"的文本特点，尝试将 Trados 这一功能强大的计算机辅助翻译软件应用其中。Trados 的核心优势在于术语库和翻译记忆库，本章就 Trado 非遗双语术语库的建设及其应用进行了初步探讨和说明，以期对计算机辅助非遗翻译起到促进作用。

一、非遗术语库建设

随着全球化、医疗技术和翻译技术的快速发展，传统的人工翻译模式已经无法满足当今医学翻译工作的需求，为提高医学翻译尤其是中医药翻译的质量和效率，引入先进的计算机辅助翻译（Computer-Assisted Translation，CAT）软件变得十分迫切和必要。在众多的 CAT 软件中，作为应用较广、功能较强的一款 CAT 软件——Trados，适合介入句型相似度高、内容重复率高、行业术语多、语体客观正式的医学文本的翻译（杨明星、吴丽华，2016）。根据学者吴丽华（吴丽华，2018）基于实证的分析，将 Trados 应用到医学文本的翻译中，可以便捷地查询医学术语，最大限度地保持术语统一和译风一致，还可避免重复性劳动，从而提高工作效率。"因为 Trados 具有记忆功能、匹配功能、术语管理、多种编辑环境和自动排版功能等显著优势"（刘冲亚，2015）。尤其是其便捷的术语管理功能，不仅可以保证术语的准确性和一致性，减少查询术语的时间，提高翻译效率与质量，还能够将重复性工作自动化，在提高译文质量的同时可以节省大量的时间和精力。

非遗是地方文化的重要组成部分，凝结了地方的民俗风情、传统文艺工艺等基本文化元素。非物质文化遗产是指被社区、群体甚至个人视为文化遗产部分的各种社会实践、观念表述、表现形式、知识、技能以及相关的工具、实物、手工艺品和文化场所。2004 年 8 月，我国正式加入联合国教科文组织《保护非物质文化遗产公约》；2011 年 2 月，我国颁布了《中华人民共和国非物质文化遗产法》。目前我国已经建立了国家、省、市、县级非物质文化遗产名录体系。经国务院批准公布，我国已经确定了四批国家级非遗代表性项目名录，共计 1 372 个代表性项目，涉及 3 154 个保护单位。国家级非遗代表性项目名录将非遗分为十大门类，并沿用至今，分别为：民间文学，传统音乐，传统舞蹈，传统戏剧，曲艺，传统体育、游艺与杂技，传统美术，传统技艺，传统医药，民俗。非遗的翻译质量对于提升外宣品质和非遗的国际影响力至关重要。

且专题文本在句式上具有高度统一性，重复率也相对较高，可利用 Trados 这一 CAT 软件进行辅助翻译。在非遗文本的英译过程中，Trados 辅助翻译的应用主要体现在术语库和翻译记忆库上。

本章以非遗的十大类别之一——传统医药为例，对双语术语库创建和应用开展实践。

（一）术语提取

"术语提取可分为三个步骤进行"（李涛安、王萌，2022）。

第一步是提取。为了确保术语提取的全面性，采用三位不同的译者对术语进行人工提取。利用 Trados 软件提取高频词汇和专业术语，然后进行人工核对和翻译，从而构建一个术语表。

第二步是汇总。将人工提取的术语用 Excel 进行汇总，得到了 2 900 多条术语。

第三步是去重。利用 Excel 的"删除重复项"功能对重复术语进行删除，得到 842 条术语。这一步仅能删除中文与英文完全相同的重复词条，而"一词多译"（即一个术语对应 2 个或 2 个以上的译文）的情况仍然存在，因此需要找出重复的中文术语进行整理（即二次去重）。

利用方方格子插件的数据分析功能下的"随机重复"功能，可以对重复的中文术语进行"高亮标记"。然后对高亮标记出的 14 个"一词多译"术语进行整理，最终获得 825 条术语。

（二）术语概况

根据术语所属学科类别，可以将提取的 825 条术语分为五类：第一类是中医相关术语（619 条），包括症状术语（236 条）、功效术语（229 条）、病征术语（139 条）和病因病机术语（15 条）；第二类是药物加工方式相关术语（20 条）；第三类是服药方法相关术语（23 条）；第四类是地理位置相关术语（47 条）；第五类是其他术语（116 条），即除前四类之外的所有术语。见表 5.1。

表 5.1　传统医药双语术语表分类

类型		术语
中医相关术语	症状	无汗骨蒸
	功效	发表散寒
	病证	湿疹
	病因	外感风邪
	病机	湿热内蕴
药物加工方式		熏洗
服药方法		捣汁涂
地理位置		溪边灌丛
其他		零星栽培

（三）术语英译

1. 英译标准

中医术语的翻译首选中医药学名词审定委员会审定的《中医药学名词》，原因在于术语具有系统性，而中医药学名词审定始终遵循系统性原则（高新颜、朱建平，2014），在收词、定名、定义、英译、体例编制等各个工作环节，较好地实现了系统性原则，在很大程度上保证了术语工作的规范性。可通过在线查询网址：http://shuyu.cnki.net/index.aspx（此网站也可查询其他学科术语）来查找相应术语。对于无法在此网站查询到的术语，可参考《中医基本名词术语中西对照国际标准》的翻译。上述 2 种途径都无法查询到的术语，若在翻译时没有确切把握可先进行标注，后期经集体讨论后决定如何翻译。在线查询时，如果同一术语被多个学科（如物理学、地理学等）收录，应以《中医药学名词》收录的为准，如果同一术语在中医药学名词审定委员会的多个版本中都有收录，以最后一个版本（即排列在后面的版本）为准，如"气淋"的英译以后面的一条为准，即"qi strangury"。另外，若此术语与世界中医药学会联合会的《中医基本名词术语中西对照国际标准》存在差异，应以《中医药学名词》为准。

2. 英译原则

在翻译术语时，主要遵从上述标准并同时遵守"对应性、系统性、简洁性、同一性、回译性和约定俗成"原则（李振吉，2011），尽量实现术语翻译的准确性、一致性和统一性，下面将举例说明这些原则在术语翻译中的体现。

功效术语主要采用"动宾"和"动宾+动宾"结构的四字术语（朱思媛、廖结英、张月，2016），如消暑（relieve summer heat）、镇咳（suppress cough）、祛风湿（dispel wind and dampness）、除烦渴（relieve vexation and thirst）；发表散寒（release the exterior and dissipate cold）、消肿止痛（disperse swelling and relieve pain）、活血调经（invigorate blood and regulate menstruation）、止咳化痰（relieve cough and dissolve phlegm）等。

在翻译功效语时，主要遵循系统性原则和同一性原则。根据朱思媛等人（2016）提出的中药功效术语英译问题，需注意单一术语内部以及多个术语之间的逻辑关系，才能准确、清楚地翻译出每个功效术语所表达的内涵。病证术语包含中医病证名和西医病证名。西医症状名，如肝炎（hepatitis）、腓肠肌痉挛（gastrocnemius spasm）、食管癌（esophageal cancer）等，参照全国科学技术名词审定委员会审定的医学相关术语进行翻译。

中医病证名涉及多个学科，内科学病证如湿热痢疾（damp-heat dysentery）、反胃（regurgitation），儿科症状名如小儿湿疹（infantile eczema），耳鼻喉科症状名如白喉（diphtheria）。在病证名的翻译中，遵循了对应性原则和简洁性原则。正如姚欣等人（2012）指出，在翻译中医病证名时，首先应寻找是否有相应的西医病名可以借用，如果没有，则要尽量以简练自然的方式表达。药物加工方式相关术语，如炕干（dry by parching）、煎汤熏洗（decocted for fuming and washing）、煎水洗

（decocted with water and wash）、晒至足干（dry in the sun until completely waterless）、晒至半干（dry in the sun till half dry）、通风处阴干（dry in the air with wind）、搓去浮皮（rub to remove the surface skin）等为中药加工的特定术语，较难翻译，此处采用直译的方法进行翻译。服药方法相关术语，即用法如浸酒服（soaked in wine for oral use）、绞汁饮（is twisted to get the juice，and drink）、泡茶饮（served as tea）、研末调敷（ground and applied topically after mixed with water）、捣膏涂（pounded and made into paste to scrub）、捣汁涂（pounded into juice and apply the juice to the affected parts）的翻译大多以句子的形式来进行翻译。

这 2 种术语的译文都具有较强的回译性。地理位置相关术语如溪边（brookside）、山沟（gully）、路旁（roadside）、灌丛（thickets）、山坡（slope）、林缘（forest edge）等直接采用其在英文中的对等物进行翻译。赣县（Gan County）、长江以南（regions to the south of Yangtze River）、长江中下游（the middle and lower reaches of Yangtze River）等则可根据我国地理名词的英译规则进行翻译，遵循了约定俗成的原则。

其他术语以药用部位为例，如树皮（bark）、根皮（velamen）、茎基（stem base）、茎叶（stems and leaves）、块茎（tuber）、枝叶（branches and leaves）、藤茎（cane）、球茎（corm）、须根（fibrous root）、地上部分（aerial parts）等采用了直译的方法进行翻译，实现了中英文之间一定程度的对等，同时符合了对应性原则。

（四）Excel 术语表加工

将提取的 Excel 术语表处理成新的 Excel 术语表。这个表格包括两列，一列为中文、一列为英文，中文列的表头需要写上"Chinese"，英文列的表头写上"English"。见表 5.2。

第五章　基于 Trados 的非遗双语术语库建设实践

表 5.2　传统医药术语 Excel 术语表

Chinese	English
庞腹胀痛	cavity and abdominal distending pain
风湿关节痛	wind-damp joint pain
发表散寒	release the exterior and dissipate cold
祛风止痛	dispel wind and relieve pain
喘咳	cough and panting

（五）术语表格式转换

利用 SDL MutiTerm Convert 将 Excel 术语表转换为 SDL MultiTerm 可用的 MultiTerm XML（MTF.XML）格式。

（六）Trados 术语库

利用 SDL MultiTerm 新建术语库，将转换为 MultiTerm XML 格式的术语表导入新建的术语库即可，建好的术语库见图 5.1。

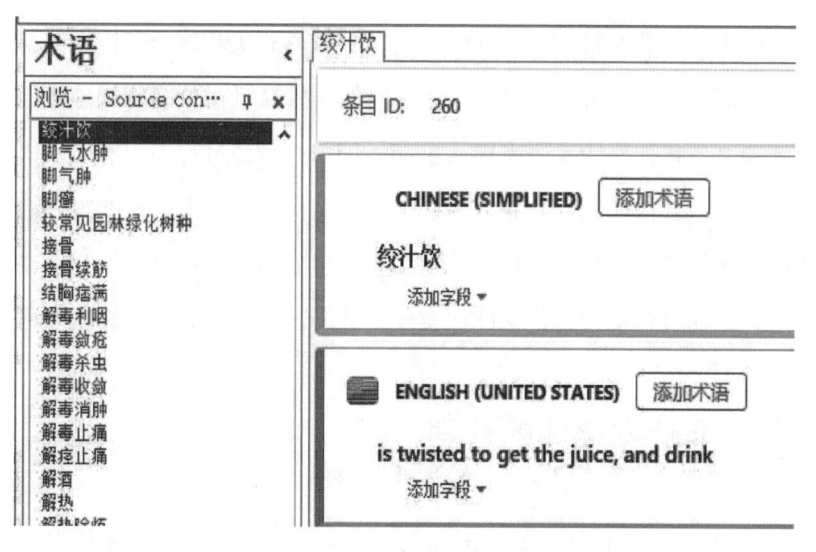

图 5.1　MultiTerm XML 格式的术语表

· 51 ·

二、术语库应用

在探讨术语库构建的基础上，本部分将讨论如何使用术语库。首先需要添加术语库，打开翻译项目后，选择"项目设置"，点击语言对—所有语言对—术语库—使用—基于文件的 MultiTerm 术语库—选中事先建好的术语库—打开并确定，即可完成术语库的导入。术语库在翻译过程中的应用主要体现在以下三个方面。

（1）插入术语：在 Trados 编辑器界面翻译时，术语库中的术语会以上方红线形式标注出来，双击术语或者点击右键选择"插入术语翻译"，即可添加此术语的相应译文，或选择"术语识别"点击插入术语翻译。

（2）添加术语：在使用术语库的过程中，可随时添加术语，只需先在 Trados 编辑器界面选中术语，点击鼠标右键，选择"添加新术语"，然后至"术语库查看器"中编辑好该术语，并点击上方保存按钮，即添加新的术语至术语库。

（3）修改术语：在"术语查看器"中，点击编辑可随时对中英文术语条目进行更改。借助 MultiTerm 所建立的术语库在很大程度上可以保证翻译的一致性，同时可以节省译员查询术语的时间。翻译时在 Trados 软件中新建项目导入原文，将建好的术语库导入 Trados 即可在翻译过程中识别出术语库中存在的术语，并快速匹配到相应的译文，从而保证了术语翻译的统一性。与此同时，可新建一个翻译记忆库，这样翻译过的内容就会自动保存，在后续翻译中可以通过自动搜索记忆库而实现预翻译，译员只需适当修改即可。

三、非遗术语库的管理

为更好地利用 Trados 的术语库功能提高翻译效率，首先要做好前期的

第五章　基于 Trados 的非遗双语术语库建设实践

术语提取和整理工作。只有这样才能建立一个完整的术语库,在翻译中起到事半功倍的作用。其次,需要对术语库进行管理。及时更新和维护术语库,对现有术语的翻译进行适当修正,根据实际情况适当添加、删除或合并,不断完善术语库,以保证翻译质量。此外,应将术语库推广应用于其他非遗专题类型文本的翻译中,为其英译提供参考和借鉴,特别是那些尚未被纳入现有翻译标准的非遗术语。只有这样,CAT 软件才能发挥其最大优势,为非遗翻译事业做出更大贡献。

第六章 CCAT 平台下的非遗英译翻译模式研究

本章基于 CCAT（Corpus and Computer-Assisted Translation）的理论构想，以国家级非遗的介绍文本翻译为应用个案，探讨 CCAT 平台下的国家级非遗翻译模式。

一、基于语料库的非遗英译的必要性

中华文化博大精深、源远流长，借"一带一路"东风，扬文化出海之帆，实施文化"走出去"战略。"伴随着近年中国国际影响力的提升，可谓天时地利，处于文化发展与文化传播的绝佳时期"（余军，2018）。非遗作为中国传统文化的重要组成部分，其翻译是对外交流的文化窗口，非遗的翻译研究是展现和对外宣传我国传统文化的至关重要的一个部分。"非遗蕴含着丰富的民族文化特色，具有非常明显的地域性和活态性"（蒋丽平，2022）。因此非遗翻译具有巨大的挑战性。在非遗文本的英译语料中存在种种问题，如在地方文化的非遗简介中，还存在过度音译和生硬翻译的现象,如广东揭阳的"英歌"被翻译成"Yingge";湛江的"雷剧"被翻译成"Leiju",这种仅简单采用音译的翻译方法,未能考虑到目的语读者的接受能力和接受效果,也不能准确地传达非遗的文化内涵,凡此种种。其中最为严重、对国家非遗的传播影响最大的问题是术语不统一,即译名混乱的问题。非遗英译文本中的译名不统一,说明译者"未能利用现代翻译技术进行规范,同时也意味着翻译效率的低下"(余军、王朝晖,2018)。语料库技术为翻译研究提供了新的视角和研究范式。基于语料库对非遗翻译进行研究,可以更深入地发掘和认知非遗文本在语言运用层面的规律和特征,从而归纳和总结出客观且具有一定普适性的非遗翻译原则与方法。利用包括语料库在内的现代翻译技术,不仅能做到术语统一,而且能极大地提高翻译的准确性和效率。

二、CCAT 平台

所谓 CCAT,是指语料库及计算机辅助的翻译,其中计算机辅助部分特指 CAT 软件,而 Corpus 主要指双语语料库,以专门用途双语语料库为主,也包括网络语料库(余军,2018)。本研究的 CCAT 包括国家级非遗双语语料库,可以基于网络语料库平台进行检索运用,同时也可以利用雪人 CAT 软件、Trados 软件等翻译辅助平台进行加载用于翻译辅助教学。

CAT 软件主要有以下三个功能:(1)翻译项目管理,便于统一术语。(2)避免重复翻译,提高翻译效率。(3)建立匹配机制,提高翻译效率。

未来国家级非遗翻译的 CCAT 系统将建成在线平台、形成语联网之后,系统的每一个用户,如译员、译审、译评人、翻译研究者等,都属于系统的子平台,共享平台的公共语料库、术语库和记忆库。(余军、王朝晖,2018)

三、全国非物质文化遗产综述

非物质文化遗产指被各社区、群体，有时是个人，视为其文化遗产组成部分的各种社会实践、观念表述、表现形式、知识、技能以及相关的工具、实物、手工艺品和文化场所。我国于2004年8月加入联合国教科文组织《保护非物质文化遗产公约》。2011年2月，我国颁布了《中华人民共和国非物质文化遗产法》。目前我国已经建立了国家、省、市、县四级非物质文化遗产名录体系。经国务院批准公布，我国已有四批国家级非物质文化遗产代表性项目名录，共计1 372个代表性项目，涉及3 154个保护单位。国家级非遗代表性项目名录将非遗分为十大门类，并沿用至今，分别为：民间文学，传统音乐，传统舞蹈，传统戏剧，曲艺，传统体育、游艺与杂技，传统美术，传统技艺，传统医药，民俗。

就全国范围而言，目前仅有北京语言大学出版社出版的《中国的非物质文化遗产（中英文版）》（2011年）、九州出版社出版的《中国的世界遗产图集（中英文版）》（2004年）、海峡文艺出版社出版的《福建非物质文化遗产名录（中英文版）》（2012年）等数种英文图书资料。一些重要的文化网站刊有非遗汉语简介，但其译文并不多见，不利于非遗的对外传播。

四、基于平行语料库的非遗翻译

利用语料库进行非遗文本翻译的研究是一条行之有效的新路径。用于翻译研究的语料库主要有三种类型：平行语料库、可比语料库和多语语料库。在这三类语料库中，平行语料库与翻译实践之间结合得最为紧密。截至目前，笔者同时以"语料库"和"非物质文化遗产"为主题在中国知网进行检索，结果显示有 34 209 条，但经过研究分析发现基于语料库进行的非遗翻译研究为数不多，直到最近几年才逐渐兴起。赵丽丽、宋欣阳（2021）在现有语料的基础上建立了非遗汉英平行语料库，并对其进行了对比分析；蒋丽平（2022）全面介绍了广东非遗双语语料库的创建方法，并探讨了其在非遗翻译语言特征研究、翻译质量评估、计算机辅助非遗翻译教学模式等方面的应用。最后，笔者同时以"语料库及计算机辅助的翻译"和"非物质文化遗产翻译模式"为主题进行检索，结果显示为 0。

五、基于 CCAT 的非遗翻译模式

由于国家级非遗翻译材料中富含文化内涵的相关表述，在 CCAT 平台下，非遗翻译模式分为机器翻译主导、人机交互翻译和人工翻译主导，主要根据非物质文化文本中的文化因素的术语和特殊词语来决定。

（一）机器翻译主导模式

在国家级非遗简介中，对于部分语言平实易懂，且陈述性、客观性的文化内涵较少的简单句子，可以直接用翻译软件完成。

例 1：五羊传说【广东省非遗名录图册（一）的第一个项目】（广东省国家级非遗）

机译：The legend of the five rams

例 1 所示英译文本简单明了，且易被目的语读者所接受，可直接采用。然而，对于这个术语的专业性还需要进一步通过翻译搜索引擎查询验证，搜索验证过程详见第七章内容：计算机辅助非遗术语翻译结合译后编辑的实践与应用。

例 2：醒狮，属于中国狮舞中的南狮。

机译：Waking Lion belongs to the southern lion in Chinese lion dance.

例2所示英译文本简洁准确，且易被目的语读者所接受，可直接采用。同样地，对于这个术语的专业性还需要进一步通过翻译搜索引擎查询验证。

（二）人机交互翻译模式

目前，机器翻译和人工翻译处于既合作又竞争的阶段。机器翻译的优势在于速度快，但有些翻译结果生硬、晦涩，无法准确表达非遗的文化内涵；人工翻译虽然在一定程度上比机器翻译准确率更高，但无法高效处理大量或即时的翻译任务，而且没有CAT的辅助，很难确保术语的统一，也容易导致同样内容的重复翻译，造成资源浪费。人机交互翻译结合了这两种翻译手段，在充分利用各种翻译技术的基础上进行人工翻译，能够充分发挥机器翻译和人工翻译各自的优势，最大化翻译效力。

人机交互翻译包含两种主要操作模式：人助机译和机助人译。

1. 人助机译

对于陈述性、客观性较强且句子结构复杂的非遗文本，宜采用人助机译的模式。人助机译主要体现在译前的文本处理和译后编辑上。译前的文本处理包括根据上下文增加无主语句子的主语，删除意义重复的词汇，替换特殊词汇等；译后编辑包括选择和替换译文中的词语以及调查句子顺序等。

例3原文：历史上由唐代宫廷狮子舞里脱胎而来，五代十国之后，随着中原移民的南迁，舞狮文化传入岭南地区。

译前编辑："历史上由唐代宫廷狮子舞里脱胎而来"句中缺乏主语，根据上下文增加主语"它"；且"历史上"和"由唐代……脱胎而来"意义重复，所以删去"历史上"；将"脱胎而来"替换为"演变而来"可以更容易地被机器翻译识别。因此，经过编辑，原句可处理为"它由唐代宫廷狮子舞里演变而来,五代十国之后,随着中原移民的南迁,舞狮文化传入岭南地区"。

机译:It evolved from the palace lion dance in the Tang Dynasty. After five dynasties and ten countries, with the migration of immigrants from the Central Plains to the south, the lion dance culture was introduced into Lingnan.

译后编辑:根据网络语料库的推荐,将"宫廷狮子舞"译为"court lion dance"更地道;根据中国历史,将"五代十国"译为"the Five Dynasties and Ten Kingdoms(907 A.D.—979 A.D.)"更可取,首先,五代十国是一个专有名词,应大写,其次,将十国翻译为"ten countries"不符合中国国情,因而采用"Ten Kingdoms"更合适,最后,在五代十国后面增加时间批注,更易于帮助目的语读者了解这段历史文化;基于中英文句子结构的差异,将"随着中原移民的南迁"由主句前面挪至主句后面,并进行细节调整,将机译的"with the migration of immigrants from the Central Plains to the south",调整为"as the people in the Central Plain immigrated to the south.";对于"舞狮文化",将机译的"the lion dance culture"调整为"the culture of lion dance"显然更符合英语表达习惯,也更易被目的语读者接受。

改译:It evolved from the court lion dance of the Tang Dynasty. After the Five Dynasties and Ten Kingdoms(907 A.D.—979 A.D.), the culture of lion dance was introduced into Lingnan as the people in the Central Plain immigrated to the south.

例4原文:广州是古代岭南地区的首府,我国海上丝绸之路的起点之一,建城至今已有2 200余年的历史。

机译:Guangzhou is the capital of the ancient Lingnan region and one of the starting points of China's Maritime Silk Road. It has been built for more than 2 200 years.

译后编辑：将原文的"广州已有2 200余年的历史"翻译为主句，"古代岭南地区的首府，我国海上丝绸之路的起点之一"翻译为同位语成分，能够优化译文的句子结构，同时，将机译的"has"改为"boast"更能够传递出原文中的中国文化自信。

改译：Guangzhou, the capital city of ancient Lingnan District and one of the starting points of China's Marine Silk Route, boasts a history of more than two thousand years.

2. 机助人译

非物质文化文本中包含大量的文化因素术语，如前文所提到的，非遗术语的翻译是一大难点，存在过度音译的问题，如"佛山十番"被翻译成"Foshan Shifan"；揭阳的"英歌"被翻译成"Yingge"，这种简单的音译翻译未能考虑到目的语读者的接受能力和效果，因此无法准确地传达非遗的文化内涵。这些术语经过机器翻译后，翻译效果也不尽如人意，无法准确传达非遗的文化内涵，例如，"佛山十番"被机译成"Foshan Shifan"；"英歌"被机译成"English song""Eing"或者"Yingge dance"；荷塘纱龙被机译成"Hetang sarong"等。通过查阅资料，我们可以明确这些术语的内涵，据资料记载："佛山十番是民间器乐曲种，属锣鼓音乐。"因此，将"佛山十番"翻译成"Foshan Percussion Music"；资料还记载了英歌在不同地区分为几种，包括英歌（揭阳普宁）、潮阳英歌（汕头市）和甲子英歌（汕尾市），由于不同地区的英歌具有不同的特点，因此根据地域差异，可将"英歌"翻译为"Puning Ying-Ge Dance"，"潮阳英歌"翻译为"Chaoyang Ying-Ge Dance"，"甲子英歌"翻译为"Jiazi Ying-Ge Dance"更贴切，更易于被目的语读者接受。

为了确保术语统一并避免对同一内容进行重复翻译，以减少资源浪费，

第六章　CCAT 平台下的非遗英译翻译模式研究

并确保译文的准确性，建议采用机助人译翻译模式。这种模式主要依靠计算机辅助翻译（CAT）工具、术语记忆库、在线翻译和翻译词典等辅助工具。译者可通过查阅网络资料和中英平行语料库等来源，确定术语翻译，然后将其添加到非遗英汉语料库中，通过记忆库来统一规范非遗术语翻译。

CAT 翻译记忆（translation memory）技术将多元海量的语言资料以术语库和语料库的方式储存分类，翻译时形成自动匹配。Trados 和 Deja Vu 等主流 CAT 工具还提供了便捷的文本内容抓取（赵慧，2019）。翻译非遗文本时，译者可将相关术语、成语、叠词等，使用 CAT 工具建立翻译记忆库，按非遗的十大门类进行分类、积累和更新门类术语库和语料库，形成共享资源，从而提高翻译的效率和准确性。译者还可以利用搜索引擎查找相关背景材料，验证译文的可靠性，提高译文的可接受度。辅助翻译工具不仅能在已有术语库和语料库中进行搜索，还可以帮助译者利用网络在线词典、百科全书、平行文本以及其他相关资源，提高译文的准确性。

例 5 原文：表演时，锣鼓擂响，舞狮人先打一阵南拳，这称为"开桩"，然后由两人扮演一头狮子耍舞，另一人头戴笑面"大头佛"，手执大葵扇引狮登场。

机译：During the performance, the gongs and drums beat, and the lion dancers first hit a burst of Southern Boxing, which is called "opening the pile", and then two people play one lion dancing, the other wearing a smiling "big headed Buddha" and holding a big sunflower fan to lead the lion to the stage.

机译中的部分词汇翻译，如"锣鼓""南拳"等翻译是根据 CAT 记忆库来进行机译的，可直接采用。但在这句话中包含了许多文化因素的术语，诸如"开桩""笑面大头佛""大葵扇"，机译的结果并不正确。如将"大葵扇"译为"a big sunflower fan"是对文化的误解，因为这里的"葵"并非指向日葵，百度百科的释义为"〔蒲～〕常绿乔木，叶大，大部分掌状分裂，裂片长披针形,木材可制器具,叶可做蓑、笠及扇。简称'葵',如'~扇'。"故人工译为"a large palm fan";而且机译的句子过于直译,读起来很生硬。

改译:At the beginning of this activity, there is a prelude called "Kaizhuang (opening the pile)", during which gongs and drums as well as Southern Boxing are played. Then two persons dance to play a lion, and the third person wears a mask of a smiling "Big-Headed Buddha" and holds a large palm fan, leading the lion to the stage.

例6原文:通过在地面或桩阵腾、挪、闪、扑、回旋、飞跃等高难度动作演绎狮子喜、怒、哀、乐、动、静、惊、疑八态,表现狮子的威猛与刚劲。

机译:The lion's eight states of joy, anger, sadness, joy, movement, stillness, surprise and doubt are interpreted through the difficult movements of Teng, move, flash, flutter, swing and leap on the ground or pile array, so as to show the lion's ferocity and strength.

机译对于句子结构的处理可以直接采用,但是对于特殊词汇的翻译有待查证和调整,诸如"腾""挪""闪""扑""回旋""飞跃""喜""怒""哀""乐""动""静""惊""疑""威猛""刚劲"等,经过人工查证和整理,对近义词的甄别和单词词性的调整,将译文进行编辑。

改译:The lion's eight states of happiness, anger, sadness, joy, movement, stillness, shock and doubt are interpreted through the difficult movements of flying, moving, dodging, pouncing, whirling and leaping on the ground or pile array, so as to show its bravery and strength.

（三）人工翻译主导

中文四字词语的翻译是英译中的一个难点，在非遗文本中也有大量的呈现，如"孟姜女的故事家喻户晓、妇孺皆知"，"家喻户晓"与"妇孺皆知"两个成语可翻译为一个英语词汇 house-hold；"评话的内容多为金戈铁马的历史演义和叱咤风云的侠义豪杰"中的"金戈铁马"与"叱咤风云"作为修饰词在译文中可以省译（赵丽丽、宋欣阳，2021）。

人工翻译能够根据具体语境和语法需求进行灵活变通，对于一些文化色彩浓郁的特殊词汇，人工的创译容易让目标受众理解。根据源语内容，通过音译和意译结合的方式创译出新的目的语表述，能够在让受众理解的同时，更深入人心，实际上更有利于中国文化的传播。

例7 原文：舞狮人动作多以南拳马步为主，狮子动作有"睁眼""洗须""舔身""抖毛"等。主要套路有"采青""高台饮水""狮子吐球""踩梅花桩"等。其中"采青"是醒狮的精髓，有起、承、转、合等过程，具戏剧性和故事性。

机译：The main actions are "lion's fist" "lion's eye opening" "lion's hair washing" "lion's eye opening" and so on. The main routines include "picking green" "drinking water from high platform" "lion spits ball" "stepping on plum blossom pile", etc. Among them, "Caiqing" is the essence of lion awakening. It has the process of rise, inheritance, transformation and combination, which is dramatic and storytelling.

原文中大量包含文化因素的术语和特有的词语，比如"睁眼""洗须""舔身""抖毛""采青""高台饮水""狮子吐球"等，机译中大多采用了意译的翻译方法，但是译文的词性不统一，如果用音译结合意译的方式进行人工翻译，能够起到更朗朗上口，且特点鲜明的作用，更有利于文化传播。而且机译的译文中对于"踩梅花桩"出现了错误，根据百度释义，狮子舞中的梅花桩是各个高低不一的桩子，并无梅花形状。此外，机译的译文中对于"南拳马步""起、承、转、合"的翻译过于生硬，未传递出原文的真实内涵。故而直接弃用。

人工翻译：The lion dancers, mainly at a horse stance, play lion act of "Zhengyan"（opening the eyes）, "Xixu"（washing the beard）, "Tianmao"（licking the body）and "Doumao"（shaking）.

They will also represent the set patterns of "Caiqin"（picking the green）, "Gaotaiyinshui"（drinking on a hathpace）, "Shizituqiu"（spitting small balls）and "Caimeihuazhuang"（stepping on the staggered pilings）. Among them, "Caiqing" is the soul, dramatic with a detailed plot and a full process of the beginning, the continuation, the turn and the ending.

对于富含中国复杂文化因素的句子，尤其是相对晦涩的文言文，以人工翻译为主导不失为一种行之有效的翻译策略。

例8原文：周夷王时，南海有五仙人，衣各一色，所骑羊亦各一色，来集楚庭，各以谷穗一茎六出，留与州人，且祝曰：愿此阛阓永无荒饥。

机译：During the reign of King Yi of Zhou Dynasty, there were five immortals in the South China Sea, each dressed in the same color and riding sheep in the same color. They came to the Chu court, each with a spike of grain and six stems, and stayed with the people of the state. I wish this reading and closing will never be hungry.

原文中的"周夷王时"对于整个句子而言，充当时间状语的功能，所以在翻译时不可直译；对于原文中的四字词，诸如"衣各一色"、（所骑羊）"亦各一色"翻译错误，将原文的"每个仙人的衣服颜色不同，每只羊的颜色也不相同"误译为了"each dressed in the same color and riding sheep in the same color"；基于将原文的"楚庭"直译成了"Chu court"，而根据原文中的介绍"六国时广州属楚"，所以更具体地将其翻译为"Guangzhou"更易于被目的语读者所接受；机译将原文的"各以谷穗一茎六出"翻译为"each with a spike of grain and six stems"过于生硬，首先经查阅资料，谷穗翻译为"ears of rice"更常见，其次"一茎六出"中的数词均为虚指，所以翻译为"The rams hold ears of rice in their mouths"更合适；机译将原文的"留与州人"翻译成"and stayed with the people of the state"是错误的，原文的意思是将谷穗留下来送给广州人，而非仙人留下来；机译对于原文"且祝曰：愿此阛阓永无荒饥"的翻译不知所云，难以理解，经查阅历史资料，将原文进行了如下翻译。

人工翻译：More than 2 000 years ago, Guangzhou was a barren land where people, despite their hard work, still suffered from famine. One day five immortals in five-colored garments riding rams in five different colors arrived in Guangzhou. The rams hold ears of rice in their mouths. The immortals give the ears to the locals and bless the land to be a forever prosperous place.

六、基于 CCAT 的非遗英译模式的不足

基于 CCAT 平台的非遗翻译融合了机器翻译与机器辅助翻译技术，辅以语料库的检索及类比分析，在翻译的效率和准确性方面都优于传统的人工翻译模式和单纯的机器翻译模式。在 CCAT 平台下，非遗翻译分为机器翻译主导、人机交互翻译和人工翻译主导三个模式。其中，人机交互翻译的模式细分为人助机译和机助人译两种，主要根据非物质文化文本中的文化因素的术语和特殊词语来决定。

对于非遗文本中文化内涵较少，且语言平实易懂的陈述性、客观性的

简单句子，可以采用机器翻译主导模式；对于文化内涵虽少但句子结构较复杂的非遗文本，可以采用人助机译模式，人助机译主要体现在译前文本处理和译后编辑上；对于非遗文本中包含大量文化因素的相关术语、成语、叠词等，可以采用机助人译模式；对于非遗文本中的四字词语、富含文化因素的特殊词汇以及文言文的翻译，也应采取相应的策略。同时，应按非遗的十大门类，建立国家级非遗英汉语料库，以提高翻译的效率和质量。

第七章　计算机辅助非遗术语翻译结合译后编辑的实践与应用

计算机辅助翻译是在机器翻译的基础上发展出来的一种更科学、专业的翻译方法。尽管大量的机器翻译系统和计算机辅助翻译平台及软件给计算机辅助翻译带来了极大的便利，然而即使是性能最强大的计算机翻译软件也会有其自身的局限性。因此，采用译后编辑作为补救措施来调整机器译文，提高译文的准确性是必要的。中国拥有众多非遗项目，但许多非遗项目文本缺乏英语译文，因此不利于建设非遗汉英平行语料库。本研究以中国非遗英译实践为例，对计算机辅助翻译结合译后编辑模式进行了详细解读，以探究这种模式在进行非遗英译时的可行性和有效性。

一、计算机辅助非遗翻译的可行性

近年来，人工智能被引入机器翻译领域，以海量信息数据和深度学习（deep learning）为依托，机器翻译进入了神经网络机器翻译时代。自2016年以来，国内外出现了一批如谷歌翻译、百度翻译、微软必应、网易有道、

SDL Trados Studio 等（在线）机器翻译工具/软件，它们是"神经网络机器翻译的典型代表"（巢文涵，2008）。随后出现的诸如塔多思（Trados）、雅信等类型的 CAT 软件和平台，虽然较好地实现了辅助翻译的理念，但由于对中文的支持较差，不太方便中英的互译，因而很难得到译者的认可（王汕，2015）。而译员之间也存在着两种极端：一是"尽可能少地运用信息技术"，另一种则是提倡尽可能地灵活使用各种技术手段。"《2020 中国语言服务行业发展报告》显示，从不使用计算机辅助翻译的语言服务提供方受访企业仅占 2%，极少使用计算机辅助翻译的也只占 9.9%；受访的语言服务从业者中，从不使用计算机辅助翻译的仅占 10.4%；而就语言服务需求方而言，1.6% 的受访者有相当的意愿选择计算机辅助翻译（可能性在 34%~99% 之间）"（杨文地、范梓锐，2021）。可以说，将计算机辅助翻译应用于各种翻译领域已成为必然趋势。

尽管如此，在当今科学技术条件下，计算机辅助翻译短时间内还无法完全取代人工翻译（王汕，2015）。（在线）计算机辅助翻译系统"在英汉翻译和汉英翻译上的整体质量均达到了及格及以上水平，基本能实现交际目的，但均未达到良好及以上水平"（李奉栖，2021）。"从已经推出的实用化计算机翻译系统的译文质量来看，还不十分令人满意，对于一些简单的句子，译文一般不会有大问题，但对于一些稍长的句子，或结构稍复杂的句子，译文质量就不能令人满意，有时简直不可卒读。"（冯志伟，2004）。这使得译后编辑成为必要步骤。非物质文化遗产作为地方文化的重要组成部分，凝聚了地方的民俗风情、传统文艺工艺等基本文化元素，蕴含着丰富的历史文化基因，具有鲜明的地域性、活态性和民族性特点。为研究非遗翻译特点，向世界推广中国非遗，研究者在建设英汉平行语料库时，发现大量的"中国非遗还没有英语译文"（蒋丽平，2022）。为了提高非遗翻译的质量和效率，进一步推动非遗事业走向世界，在研究

CAT技术的基础上，结合非遗的翻译经历，拟结合语言本身的表意技巧和达意缺憾，从语义、语用和句法等层面讨论非遗语篇译后编辑需要重点考虑的几类特殊语言现象，试图通过对计算机辅助翻译结合译后编辑（post editing）这种方法加以研究，从而论证该模式的可行性和有效性。需要说明的是，本章选用的机器译文源自不止一种机器翻译系统，因此隐去了具体的机译系统名称。

二、理论基础

根据ISO/DIS17100：2013标准的定义，机器翻译是"使用计算机系统将文本或语音从一种自然语言自动翻译为另一种语言"（MT, automated translation of text or speech from one natural language to another using a computer system）。翻译记忆（TM, translation memory）是"译者运用计算机程序部分参与翻译过程的一种翻译策略"（Shuttleworth & Cowie, 1997）。它是通过计算机软件来实现的专业翻译解决方案，并与机器翻译有着本质的区别。最简单形式的翻译记忆只是一个数据库，译者可以记录（通常是半自动化地）以前的翻译结果，以便将来再次使用，并进行方便有效的检索。翻译记忆的工作原理是：用户利用已有的原文和译文建立一个或多个翻译记忆库。在翻译过程中，系统将自动搜索翻译记忆库中相同或相似的翻译资源（如句子段落等）给出参考译文，"使用户避免无谓的重复劳动，只需专注于新内容的翻译"（崔启亮，2014）。对于给出的参考译文，译者可以完全照搬，也可以"修改后使用，如果觉得不满意，还可以弃之不用"。翻译记忆实际起到了辅助翻译的作用，也就是"计算机辅助翻译"，也叫机助翻译，简称CAT（computer-aided translation）。类似CAD（计算机辅助设计）技术，CAT技术的核心就是翻译记忆技术。译者在进行翻译工作的同时，翻译记忆库在后台不断学习和自动储存新的译文，建立语言数据库。每当出现相同或相近的短语时，系统会自动提示用户使用记忆库中最接近的译法。国际上开发翻译记忆（TM）软件的厂家有很多，比较著名的有"Tra-dos""Deja Vu""Transit""WordFisher""Wordfast"等。国内的有"雅信""CAT通译"等。其中最为知名和广泛使用的是德国的塔多思（Trados）。

为了提高译文质量，需要对这种初始译文进行译后编辑。译后编辑是指"检查和修正机器翻译的输出"（to check and correct MT output）（ISO, 2014）。"传统意义上的译后编辑是对机器翻译输出的初始译文进行修改与加工的过程"（崔启亮，2014）。Allen（2003）将译后编辑描述为"迄今为止与机器翻译最为相关的任务"。Daniel Marcu提出"译后编辑是指语言专家对机器翻译输出进行编辑以生成人工质量翻译的过程。译后编辑是将机器翻译和高水准专业人工译后编辑人员相结合，以生成达到发布标准的高质量翻译的过程"（SDL, 2013）。DePalma（2013）将译后编辑定义为"通过人工评审，编辑，提高译文质量和适用性的过程"。我们经过大量翻译实践，认为译后编辑是指"通过少量的人工修改以对机器生成的翻译进行完善"的过程。译后编辑过的文本可能随后需要进行修订以保证语言选择的质量并进行校对改正一些小的错误。"简略译后编辑旨在将文本翻译至可理解的程度，而全面译后编辑则在保证意思的同时力求文风与原文一致"（胡开宝、李翼，2016）。计算机辅助翻译和全面译后编辑的进步使得其可与人工翻译媲美。译后编辑对译者素养提出了很高的要求，需要较强的"高阶思维能力"（程维、魏子杭，2021）。

当前市场上有一系列的软件工具，如谷歌翻译工具包、SDL Trados以及Systran等都支持对机器生成的翻译进行译后编辑。本研究主要采用的是SDL Trados。

中国是世界上拥有人类非遗最多的国家。然而，由于非遗具有鲜明的地域性和文化特色，蕴含了大量文化负载词，因此相对于其他文体的文本翻译，充满了更多理解陷阱和误区的语言现象，我们把它称作陌生化的语言现象。"所谓陌生化就是将对象从其正常的感觉领域移出，通过施展创造性手段，重新构造对对象的感觉，从而扩大认知的难度和广度，不断给读者以新鲜感"（王先霈，1999）。当然，"陌生化"的语言绝不是让人感到困惑的语言，而是通过词汇、句法或语篇手段，扩充了语言的认知容量，比如文化负载词、模糊化语言、语言的歧义现象等都属于"陌生化"语言。所有这些对机器辅助翻译来说，需要结合译后编辑，才能准确传达原文的内涵。

三、翻译过程

"通常，机器翻译适用于科技文本和法律文本等程式化文本或信息性文本的翻译，而小说、散文和诗歌等表现性文本的翻译则需要由人工翻译来承担"（胡开宝、李翼，2016）。文学作品翻译首先要确保信息准确的传递，在此基础上考虑语言美。非文学翻译则强调客观真实性，不能有任何虚构和想象成分，因此在翻译时既要根据需要对原文进行增删，改变原文的表达方式，也要保证原文信息传递的准确性，否则可能引起严重后果或法律风险，如使用手册、合同、法律和医药等实用性文本的翻译。非文学翻译需要遵循语言规范，不用新奇的表达方法，即词语搭配为无标记搭配或普通搭配，符合一般的语法规范（王汕，2015）。非遗文本属于信息文本，要避免"陌生化"语言，需要向目标语读者准确传达非遗文本内涵，达到忠实通顺即可。基于此，我们在翻译实践中采用的计算机辅助翻译加译后编辑的翻译过程基本如下：

（1）在Trados中导入原文材料，在编辑器中开始翻译；

（2）将编辑器中每个单元的句子复制到谷歌翻译的源语言输入框中，得到机器翻译的结果；

（3）对机器翻译的结果进行分析和译后编辑，判断是否存在"陌生化"语言，然后保留译文中有用的信息，并对"陌生化"语言进行编辑和调整，同时将该单元的语句保留到记忆库中，直至完成全文的翻译；

（4）利用Trados将英汉对照译稿导出到外部审校功能中，然后通过人工对译稿进行审校，从上下文角度对全文做进一步调整，使得译文更为连贯和通顺。审校完毕之后即可使用Trados导出最终译稿。

四、非遗译文陌生化表达及译后编辑实例

（一）对文化负载词的处理

文化负载词，又可被称为文化特有词或者文化缺省词，指的是某种"承载着特定文化内涵以及风俗风貌的特色词汇，包括各种习语和俗语，常见于本土民族特色较强的文化作品之中"（孙林、韩彩虹，2021）。非遗具有鲜明的民族性和地域性，并蕴含大量的文化特色。因此，在进行非遗翻译时，英汉两种语言所处的背景存在很大差异，可能导致许多方面的差异，如地理环境、人文特色、历史渊源等，因此译者很难找到与非遗原文本相对应的大量译词。例如："子喉"，是广东地区曲艺非遗项目的常见特点，在国家级非遗项目"广东汉剧""粤曲""竹板歌"中均有提及，它是一种假声唱法，但在机器翻译中，"Zi throat""sub-throat""son throat"均有出现。机器翻译在表达这些文化负载词的内涵时往往难以达到预期效果，出现词不达意的现象，因此需要进行人工甄别。同样地，四川省非遗项目

名称"翻山饺子"是一种独特的汉民族舞蹈表演,表演者被称为"饺子手"。对于这些极具文化背景信息的词汇,只有理解其独特的文化含义,才能准确地进行翻译。另外,品牌和商标中的表达往往具有历史渊源,但机译时容易产生断章取义的问题,如国家级非遗项目名称"罗浮山百草油"中的"山"和"百草"、广东省省级项目"源吉林甘和茶"中的"源"和"和"等文字会被音译或逐字翻译,无法正确传达这些品牌的文化内涵。

(二)对语言模糊性的处理

从实质上看,语言模糊性是作者从宏观上对事物性质的高度概括,并以简洁、高效、得体的语言形式对事物进行的艺术描述。一般认为,语言模糊性在文学文本中应用最为普遍,因为它扩大了语言表达张力,增加了审美空间,语言模糊性也存在于非遗文本中,并且备受青睐,因为对非遗项目的认知有一个由简入繁、由一般到深刻的过程。有时,在撰写非遗文本时,作者并没有完全把握事物的准确内涵,出于科学精神和严谨考虑,反而会采用相对模糊的表述。

例1:白口莲山歌具有较高的艺术价值和较为独特的文化价值。(省级非遗项目:白口莲山歌)

机译:Baikoulian mountain songs have a high artistic value and a unique cultural value.

例2:惠东渔歌既保存了较为古朴的音乐形态,又有较为丰富独特的表现形式和韵味,在社会学、文化学和民间音乐史研究上均有特殊价值,对当代音乐创作也有重要借鉴作用。(国家级非遗项目:惠东渔歌)

机译:Huidong fishing songs have preserved a relatively simple musical form, but also have a rich and unique expression and flavor, and have special value in sociology, culture and folk music history research, and also have an important role in contemporary music creation.

例3：（陈璘传说）较为常见的包括……。（省级非遗项目：陈璘传说）

机译：More common legends include...etc.

改译：common legends include...etc.

例4：早期剧目情节较为简单，多为一丑、一旦扮演的"二小戏"（又名"对子戏"），或小生、小旦、小丑为角色的"三小戏"。（省级非遗项目：乐昌花鼓戏）

机译：The plot of the early plays was relatively simple, and most of them were "two small plays" (also known as "pair play") played by a clown once, or "three small plays" played by a clown, a clown and a clown.

例5：一种属叙事性的曲调，节奏较为紧凑，曲调婉转流畅，大幅度跳进和延长音不多，演唱时多以假嗓小声唱。（省级非遗项目：排瑶民歌）

机译：A kind of narrative tune, with a relatively compact rhythm, a smooth melody, few large jumps and extensions, and mostly singing in a false voice.

以上例1、2句中的"较高""较为"是中文中常见的模糊表达方式。此外，还有"基本、大体、主要"等表达方式，机器翻译在处理这些模糊表达时，往往会采用形容词或副词的原级、比较级或省略翻译等方法，在译后编辑中，译者须对这三种方法加以检查，以达到最佳的翻译效果。例3中的"较为常见"用"common"便能进行准确翻译，用比较级反而画蛇添足了。例4与例5中的模糊语"多"的翻译中，机器翻译均有使用most/mostly进行完整的翻译，但是通过对原文的仔细推敲，例4中的"剧目情节"有"二小戏"或"三小戏"等多个形式的，在此种情况下，使用"most of them"能把各种形式的内涵表达出来；而例5原文所描述的曲调演唱方式只有一种，没有其他的同类方式出现，此种情况下，去掉"mostly"的译文反而能减少读者产生其他疑惑的可能。

（三）对歧义的处理

虽说一般认为语言的共性大于个性，但英汉两种语言句法特征的差异非常显著，"形合""意合"之分已得到学界普遍认同，这些根本差异对翻译的影响是多方面的，"即使对句法规律性较强的非遗翻译也概莫能外"（王菊英，2004）。尽管现在计算机辅助翻译系统的功能已相对完备，但面对丰富多样的非遗语言现象和不断增强的语言交流，机译系统也难免有一些无法覆盖的情况。

例6：源吉林甘和茶以其使用方便、疗效显著成为珠江三角洲地区防暑、消食、治感冒的首选……[省级非遗项目：中医养生（源吉林甘和茶）]

机译：The Yuan Jilin Ganhe tea has become the first choice for preventing heat, eliminating food and treating colds in the Pearl River Delta with its convenient use and remarkable curative effect.

例6中的"防暑""消食""治感冒"高度概括了项目的疗效和优点，且放在一起读起来抑扬顿挫、朗朗上口，但如果"消食"翻译成"eliminating food（把所有的食物都消除/清除）"，不但美感不存，且会让人误解。

改译：The Yuan Jilin Ganhe tea has become the first choice for preventing heatstroke, helping digestion, and treating colds in the Pearl River Delta with its convenient use and remarkable curative effect.

例7：按演唱语言来分，四会民歌主要分为两种……（省级非遗项目：四会民歌）

机译：According to the singing language to divide, Sihui folk song is mainly divided into two kinds…

例7的机译虽与原文形似，但却难"意合"，而是"意重"表达累赘了。在修改时，可以把"to divide"去掉。

（四）肯定与否定意义颠倒的处理

在翻译过程中，最大的错漏是将肯定和否定的意义颠倒。由于英汉语在表达否定意义方面的词法、句法和语篇方式存在差异，同时各自有一些非常独特的肯定和否定意义表达方式，对这些语言现象的准确理解有时依赖于横向的语感，有时需要考虑语境，有时甚至还需借助于生活常识。

例8：郭氏正骨疗法诞生不久，即以医术精湛而声名远扬。〔国家级非遗项目：中医正骨疗法（平乐郭氏正骨法）〕

机译：Guo's bone setting therapy was not long after its birth. It is famous for its superb medical skills.

机译中，首句译为"出生后便命不久矣"，完全颠倒了原文"出生不久便声名远扬"的意思。在译后编辑阶段，通过适当修改英语的表达结构，可以避免这种严重错误。在译后编辑过程中，要认真识别原文，特别注意中英两种语言中肯定和否定意义表达的差异。

改译：Guo's bone setting therapy was famous for its superb medical skills not long after its birth for a short time.

（五）增加可读性

刘宓庆（2010）认为，在实质层面上，一旦进入意义领域，翻译从"过程"到"终端产品"都属于美学、属于语言审美。翻译学的全部运作机制集中在两个属于审美的焦点上：功能上、意义上的代偿和结构上、体式上的优化。在翻译美学研究过程中，我们还应注意将这种美学取向作用到科技翻译研究领域，力求增强科技译文的可读性和美学价值。"人类的思维是一种能动性极高的复合机制，由三种形态的思维组成"（刘宓庆，1999），即直觉思维、逻辑思维和形象思维。人类的这三种思维形态同时表现在翻译活动中。应该说,目前的机器翻译在逻辑思维方面已相对成熟,但对形象思维尤其是灵感思维的运用还有很多亟须改进的地方。

例9:郭氏正骨疗法……传人曾应召清宫疗骨,受到诰封……[国家级非遗项目:中医正骨疗法(平乐郭氏正骨法)]

机译:Guo's bone setting therapy were granted an official seal. After the founding of the people's Republic of China...

改译:Guo's descendants were called into the Qing palace to treat bones and were granted an official mandate.

上例中的"诰封"如果译为"official seal",仅体现了逻辑思维上的"(执业)认可",如果改为"imperial mandate"则能让目的语读者感受到该非遗项目所还带来的直觉思维中的"(业绩)突出"与形象思维中的"(奖励)气派",增加了翻译文字的美学效果。

(六)是否有创译

在文学翻译中,经常需要创译,这一观点已得到译界的广泛认同,但对非遗文本的翻译是否需要创译则不一定。这是因为非遗文体要求客观严谨,如在翻译过程中使用创译,极有可能违背、曲解甚至背离原文意思。事实上,创译并非只存在于文学翻译领域,非遗翻译也是一种渗透创造性的高级复杂的脑力劳动,同样需要创译。

例10:因陈璘"绩在边疆,威加海外,振古以所稀见也",故明神宗曾赠联曰:"辟土开疆,功盖古今人第一;出将入相,才兼文武世无双"。(省级非遗项目:陈璘传说)

机译:Because Chen Lin's "achievements are in the frontier, Weijia overseas, and it is rare to see in ancient times", the emperor Shenzong of the Ming Dynasty once gave a couplet, saying: "opening up land and opening up frontier is the first achievement of ancient and modern people; He becomes a general and becomes a prime minister. He has both talent and martial arts, which is unparalleled in the world."

例 10 引号中的对仗表达之美通过机器译文来表达是有一定难度的，机器翻译能处理诸如"边疆""海外""将""相"等常见的词汇，但这些词汇组合成如对仗句等较复杂的句子时，机译便显得无能为力了，译后编辑对此的创译显得尤为重要。创译时可以根据原文进行适当的省译（如第一个引号中的动词"在"和"加"）和增译（如第二个引号译文中的 he is），不仅能保证译文句式的正确，还能尽可能地实现语言的美。

改译：Because of Chen Lin's "achievements on guarding frontier, prestige overseas, which is rare to see in ancient times", the emperor Shenzong of the Ming Dynasty once presented a couplet, saying: "on opening up land and frontier, he is the first on among ancient and modern people; among the generals and prime ministers, he is unparalleled on both talent and martial arts".

（七）特殊结构的处理

英语中有一些特殊的词形和语法结构，其确切含义对于翻译初学者来说是较难把握的，对机器翻译来说更是如此。

例 11：京剧作为中国传统戏曲的代表之一，起源于北京地区，具有深厚的历史文化底蕴，至今已有近两百年的历史。

机译：As one of the representatives of traditional Chinese opera, Peking Opera originated in the Beijing region and has a profound historical and cultural heritage, with a history of nearly 200 years.

将原文中的"京剧"作为主句，"作为中国传统戏曲的代表之一"作为同位语成分，能否优化译文的句子结构，同时，将机译的"has"改为

"boast"更能够传递出原文的中国文化自信。

改译：Peking Opera, as one of the representatives of traditional Chinese operas, originated in the Beijing region, boasting a profound historical and cultural heritage with a history spanning nearly two centuries.

（八）逻辑缺陷的处理

语言的逻辑缺层"是指不符合常规逻辑推理的语言表达，即在行文中没有形成完整的逻辑链"（吴迪龙，2015），一般分为有意识逻辑缺层和无意识逻辑缺层两类。非遗文本的描述可能不会像文学家和语法学家那样推敲文字，对一些科技概念及其内涵心领神会，常常用最简洁的语言形式表达。但隔行如隔山，这类表达对专业知识略缺的译者来说挑战很大，对机器翻译来说有时会产出一些译腔很浓的译文。

例12：云昔高固为楚相，五羊衔谷萃于楚庭，故图其像以为瑞。

机译：In the past, high and solid clouds were the appearance of Chu, and the five sheep holding the valley were extracted from the Chu court, so the image was auspicious.

显而易见，机译对于原文的解读存在非常大的误差，将"云昔高固"译为"high and solid clouds"，"楚相"译为"the appearance of Chu"，"五羊衔谷萃于楚庭"译为"and the five sheep holding the valley were extracted from the Chu court"等的翻译让人啼笑皆非，导致整个句子的译文不知所云，故而整个英文译文显得逻辑怪诞。

其实，原文的正确解读为：传说从前高固（按清人梁廷枏《百越先贤志》说他是越人）为楚相（令尹）时，出现过五羊衔谷聚集到楚庭的事（因为战国时广州属楚），所以把这农牧丰收的祥瑞象征也画在州厅的梁上。所以将其翻译如下。

改译：It is said that during the period when Gao Gu served as the Grand Councilor in the State of Chu, five rams once carried grains to Chuting (a name formally referred to as Guangzhou), which was then pictured as a painting symbolizing auspiciousness.

（九）虚实能否互换

非遗术语定义准确，即所下的定义、定律、定理精确，所描绘的概念清楚，这是人所皆知的，但由于一些超语言因素的介入，有时也会导致模糊语义的出现，因而只能运用"动态对等"的手段尽可能充分地将原文负载的语义信息体现出来（范武邱、杨寿康，2001）。

例 13：春秋时期，北方的燕地传说有七仙女，身着七彩衣裳，驾七色仙鹤，降临楚地，各持七种花卉，馈赠州民，祈愿此地繁花似锦，永远充满繁荣。

机译：During the Spring and Autumn Period, there is a legend in the northern Yan region about seven fairy maidens. They wear colorful clothes, ride seven-colored cranes, descend to the Chu region, each holding seven kinds of flowers, presenting them to the people of the state, praying that this land will be full of flowers and prosperity forever.

原文中的"春秋时期"对于整个句子而言，充当时间状语的功能，所以在翻译时不可直译，将机译的"During the Spring and Autumn Period"意译为"During the era of the Spring and Autumn Period"更为准确；对于原文中的"身着七彩衣裳，驾七色仙鹤"机译的"wear colorful clothes, ride seven-colored cranes"表达清晰但稍显生硬，可简化为"adorned in colorful garments, riding seven-colored cranes"以提高流畅性；将原文的"降临楚地"直译为"descend to the Chu region"在此语境下显得较为生硬，经过编辑，

将其翻译为"arrive in the land of Chu"更为自然；对于原文中的"各持七种花卉"机译的"each holding seven kinds of flowers"表达准确，无需修改；将原文的"馈赠州民，祈愿此地繁花似锦，永远充满繁荣"直译为"presenting them to the people of the state, praying that this land will be full of flowers and prosperity forever"意译清晰，无需修改。

改译：During the era of the Spring and Autumn Period, there is a legend in the northern Yan region about seven fairy maidens. They are adorned in colorful garments, riding seven-colored cranes, arriving in the land of Chu. Each holds seven kinds of flowers, presenting them to the people of the state, praying that this land will be full of flowers and prosperity forever.

（十）标点符号是否转换合理

在翻译中，为了确保译文准确、通顺，我们不能忽视标点符号的运用和转换。原文的标点符号不能原封不动地复制到译文中来。这不仅是因为英语标点符号与汉语标点符号有某些不同之处，而且因为英译汉后语言结构必然发生变化，标点符号的运用也必须做相应的变动（毛荣贵、范武邱，2003）。

例14：表演时，锣鼓擂响，舞狮人先打一阵南拳，这称为"开桩"，然后由两人扮演一头狮子耍舞，另一人头戴笑面"大头佛"，手执大葵扇引狮登场。

原文的中文句子包括6个逗号，其中，第4个逗号前面的句子逻辑关系紧密，可以独立构成完整的英语句子，所以翻译成英语的第一个句子；剩下的分句逻辑关系紧密，翻译成英语的第二个句子。简而言之，翻译时将中文原文的一个句子翻译为2个句子，将"这称为'开桩'"后面的逗号改为了句号。

人工编辑：At the beginning of this activity, there is a prelude called "Kaizhuang (opening the pile)", during which gongs and drums as well as Southern Boxing are played. Then two persons dance to play a lion, and the third person wears a mask of a smiling "big-headed Buddha" and holds a large palm fan, leading the lion to the stage.

例 15：自古以来，广东醒狮被认为是驱邪避害的吉祥瑞物，每逢节庆，或有重大活动，必有醒狮助兴，长盛不衰，历代相传。

原文的中文句子包括 6 个逗号，一个句号。根据句意判断，第 2 个逗号前面的两个部分可以独立构成一个完整的句子，所以翻译时将第 2 个逗号改为句号更适合。

译文：Since ancient times, Cantonese Waking Lion Dance has been considered as an auspicious thing to expel the devil and avoid the evil. Whenever there is a festival or a significant event, there will be Waking Lion Dance to add to the fun.

（十一）常识的理解与运用

从事非遗的译者必须有广博的非遗专业知识，最好是一专多能式的人物。书到用时方恨少，其实一些生活常识和非遗专业，看起来微不足道，有时却能使人茅塞顿开，让人慨叹："踏破铁鞋无觅处，得来全不费功夫"。这些生活常识，往往是形象思维和灵感思维的最佳结合，对它们应多加利用、善于利用（毛荣贵、范武邱，2003）。

例 16：六国时广州属楚。

机译：During the six Kingdoms period, Guangzhou belonged to Chu.

原文的"六国时"，机器翻译为"During the six Kingdoms period"。然而中国历史上并未有六国这样一个时期，根据历史常识可以判断"六国"指的是战国时期的六国，具体指的是战国时期的韩、赵、魏、楚、燕、齐这六个诸侯国，这六国都臣属于东周，所以译为"kingdoms"显然不合理。通过查阅语料库，将其翻译为"during the Warring States Period"更易为目的语读者所接受。对于原文的"楚"，机器将其直译为"Chu"，会让目的与读者产生疑惑，因此采用增译的翻译技巧，将其翻译为"the State of Chu"使译文一目了然，清晰易懂。

改译：Guangzhou belonged to the State of Chu during the Warring States Period.

（十二）词义的精确选择

英语偏爱使用转义词，我们经常会发现，在一个看似简单的英语单词后面往往会附上几个、十几个甚至上百个衍生的意思，而在汉语中，这方面相对较弱，这也给机器翻译带来了很大挑战，使系统往往出现词义选择不当的问题。

例 17：通过在地面或桩阵腾、挪、闪、扑、回旋、飞跃等高难度动作演绎狮子喜、怒、哀、乐、动、静、惊、疑八态，表现狮子的威猛与刚劲。

机译：The lion's eight states of joy, anger, sadness, joy, movement, stillness, surprise and doubt are interpreted through the difficult movements of Teng, move, flash, flutter, swing and leap on the ground or pile array, so as to show the lion's ferocity and strength.

机译对于句子结构的处理可以直接采用，但是对于特殊词汇的翻译有待查证和调整，诸如"腾""挪""闪""扑""回旋""飞跃""喜""怒""哀""乐""动""静""惊""疑""威猛""刚劲"等，经过人工查证和整理，对近义词的甄别和单词词性的调整，将译文进行编辑。

改译：The lion's eight states of happiness, anger, sadness, joy, movement, stillness, shock and doubt are interpreted through the difficult movements of flying, moving, dodging, pouncing, whirling and leaping on the ground or pile array, so as to show its bravery and strength.

五、机助翻译结合译后编辑的优势

一般情况下，人工翻译"是实现目标文本相同水平创造力的最理想途径"（杨文地、范梓锐，2021），特定类型的文本因为词汇较为固定，句式往往比较简单，虽然 CAT 软件也能帮助我们获得较为合乎语法的译文，但加上人工编辑就能得到高质量的译文，这样搭配起来无疑是值得采纳的高效方法。对于常规语言表达或陌生化语言表达，机器译文目前很难一步到位，必须有译后编辑这个环节。从某种意义上来说，译后编辑就是消除翻译腔，它需要从业人员对机器译文"多加诵读，磨去译痕"（毛荣贵、范武邱，2003）。对于机器翻译存在的问题，我们可以改良专家系统，进行大量的语言输入与分析，对机器进行特殊结构翻译训练，开发出机器接近人脑的思维模式程序。我们也可以从语料层面为机器翻译提供帮助，将非遗语料库中的语料进行持续扩容并提高其正确性。在进行翻译的同时也要完善译后编辑机制，使译后编辑从业人员有一个相对系统的工作思路，如元策略、总策略、分策略等翻译策略的训练（方梦之，2021）和"高阶思维"的培养（程维、魏子杭，2021）等。同时我们还可以通过开展翻译美学研究并与专业技术人员合作来提高译文的精准度，完整地表达作者的意图，让机器译文越来越接近高质量的人工译文，更好地服务社会。

第八章　基于汉英平行语料库的非遗名词术语翻译研究

外宣翻译是推动非遗走向世界的重要桥梁，而非遗外宣翻译的关键在于非遗术语的翻译。本章基于自建的中国非遗汉英文本平行语料库，使用语料库软件提取、检索出名词非遗术语，并对其翻译方法进行统计和分析，总结出名词非遗术语的规范化翻译方法，为翻译非遗文本提供可靠参考和借鉴。本研究在一定程度上有助于解决翻译非遗术语时缺乏参考标准的困境，有助于提高非遗翻译的质量，促进非遗外宣事业。

一、名词术语翻译研究

非物质文化遗产是各民族社区、群体和个人世代沿袭的文化基因，是各民族特色和传统文化多样性的典型代表。中国是拥有最多联合国教科文组织非遗名录项目（42项）的国家。术语指的是"通过语音或文字来表达或限定专业概念的约定性符号"（冯志伟，2012）；"各门学科的专门用语，用来正确标记生产技术、科学、艺术、社会生活等各个专门领域中的事物、现象、特性、关系和过程"（方梦之，2004）。非遗术语指的是在非遗领域中的专门用语。非遗术语的外宣翻译是"讲好中国故事，促进传统文化走出去的关键"（郑泽蕾、刘润泽，2022）。其中，名词非遗术语指的是包含特定非遗信息的名词专有项，承载着特定的民族和地域特色。名词性非遗术语包括一些在非遗领域拥有特殊文化含义的普通词汇。名词性非遗术语具有专业性强、文化内涵丰富、涉及领域广和地域性明显的特点。非遗名词术语的对外翻译策略是"帮助目的语国家人民更好了解非物质文化内涵的桥梁"（郑泽蕾、刘润泽，2022）。然而，对于非遗术语的翻译分析，学术界多停留在理论分析，缺乏数据支撑。少数基于语料库的翻译，其库容也较小。因此，本研究扩大语料库容量，建成近300万词的中国非物质文化遗产汉英平行语料库，该语料库涵盖了十大子库，随后利用专业软件从该库中提取了一万多对名词性非遗术语。本章将基于非遗英汉平行语料库所提取出的非遗术语，归纳、总结出非遗术语的翻译方法，并进行相应的分析研究，以期为非遗文本的外宣翻译提供借鉴和启发。

二、语料选择

许多研究者基于非遗名称的英译例子展开了非遗英译困难和对策的理论性探讨，还有的研究者重点针对跨文化视角下的非遗翻译方法和技巧层面进行研究。由于这些研究的研究文本数量较为有限，在甄选例句时会有所偏颇，较难发掘和探究非遗文本在语言、结构层面的规律和特点，因此很难概括出可靠的具有参考性的规范化的翻译原则及策略，研究结论不具有普适性。随着语料库语言学（corpus linguistics）的蓬勃发展和描写性译学（descriptive translation studies）的兴起，将语料库应用于翻译学开展实证研究已发展成为翻译学研究的新趋势。但经过研究分析发现以非遗为语料创建平行语料库的研究者为数不多，直到最近几年才逐渐开始出现。笔者带领科研小组，遵循《建立术语语料库的一般原则和方法》（标准号：GB/T13725-2001）和2018中国翻译协会发布的《语料库通用技术规范》准则和技术规范，通过官方出版物、文化网站、旅游推介平台搜集英汉双语文本语料，最终创建了规模近300万词的国家级非遗英汉文本语料库。该语料库涵盖了民间文学，传统音乐，传统舞蹈，传统戏剧，曲艺，传统体育、游艺与杂技，传统美术，传统技艺，传统医药，民俗十大英文本平行子库。借助Trados、亚信等CAT机辅翻译软件和在线辅助翻译系统MemoQ的术语库创建和生成步骤以自动生成基本的术语表，随后借助自然语言处理技术加以人工干预对相关术语和专有名词进行自动抽取。最后将对齐后导出的文本制作成可以使用paraconc1.0软件检索的平行语料库，该软件的检索功能可以很清楚地看到名词术语的英汉对应翻译数量。通过检索，一共提取了12,098对英汉术语，剔除重复和一些与非遗领域紧密度不高的名词术语，最后剩余10,804对英汉名词非遗术语。

三、名词性非遗术语的翻译方法统计

外宣翻译是非遗对外传播的关键途径。由于非遗所具有的特点，译者在进行非遗术语翻译时，一方面"需要突显非遗民族特点，体现地域特色"（康文颖、刘可谦，2021）；另一方面，需要用目标语对非遗术语的内涵精准表达，满足目标语读者对非遗文本信息的需求。因此，译者不仅需要考虑语言的差异，更要关注文化差异，真正体现非遗独特的内涵和人文价值，以达到促进非遗外宣的目的。基于文献研究，许多研究者对非遗进行了翻译理论探讨，总结起来主要有直译、意译、音译、音译+直译、直译+注释以及省译等。然而这些翻译方法不成系统，也无相关的实证数据支撑其使用频率,为非遗翻译提供可靠参考。为节约时间成本,我们基于非遗平行语料库,从 12 098 对英汉非遗术语中随机挑选了 500 对英汉非遗术语,采用"人工核对+专家校对"的方式,对 500 对非遗术语的翻译方法进行了归类总结和审核,其结果如表 8.1 所示。

表 8.1 汉英名词非遗术语翻译方法统计表

翻译方法	直译	音译+注释	音译	音译+直译	音译+意译	直译+注释	意译+注释	增译
数量（对）	126	105	78	55	53	43	30	10
百分比（%）	25.2	21.0	15.6	11.0	10.6	8.6	6.0	2.0

需要说明的是,翻译方法本身没有优劣之分,翻译方法的选择主要取决于源语特点和翻译目的,因此表 8.1 所统计的翻译方法使用百分比高并不意味着这种翻译方法好。表 8.1 主要统计的是译者在翻译名词非遗术语时所采用的翻译方法的频率。由表 8.1 可以看出,直译法在非遗术语翻译中使用频率最高。采用直译翻译法能更直接表达出源语的语言特点和文化信息,减少了翻译所带来的损耗。"不同语言的符号化方式不同,但认识事物属性的基本原理是相同的,这便是直译的基础"（万华,2004）。其次是"音译+注释"法,该翻译法运用比例相对较高,达到 21%,使用这种翻译方法主要是为了避免使用直译方法导致文化内涵的损失。音译法指的"是用目标语言发音相近或相同的语言符号来替代源语的语言符号的翻译方法"（熊兵,2013）。音译法的使用是一种无奈但最直接的翻译方法,许多涉及地名、人名的非遗术语在翻译时大多采用了音译翻译方法。从上表可以看出,音译法使用频率占所有翻译方法的 15.6%。在所有翻译方法中,使用频率最低的是增译法,增译是指"相对于省译翻译的一种翻译技巧,在翻译过程中,根据语义、句法或修辞增添一些词语,以忠实地传达原文

内涵。"（方梦之，2004）。该方法的使用主要是基于英语语言简洁性特点，并遵循了翻译"经济适切原则"（阮红波，2019），强调了目标语读者的需求与接受能力。

四、名词性非遗术语的翻译方法分析

（一）直译法

翻译最好的效果是在忠实于源语的同时，做好信息效果等值传递，直译法是最常用的一种翻译法。直译的使用可以变换源语的句法结构，但"在源语的意义和修辞的处理上，并不进行语义处理"（熊兵，2014），而是从字面意义上对源语的语词进行字对字的翻译处理，因此采用直译，不仅可以最大限度内保留源文内涵，还保留了源语的形式特征和文化差异。比如笔者通过检索语料库，发现下列非遗术语使用了直译，在译文效果方面，既保证了目标语读者理解源语内涵，又保留了源语文化的内涵。（河北）传统武术：Hebei Traditional Wushu；（天津）泥人张：Clay Figurine Zhang；（云锦的织造技术）通经断纬：pass the warp and split the weft；（黎族刺绣）单面绣、双面绣：single-face embroidery；double-face embroider；（广东）雕版印刷：engraved block printing。

（二）音译+注释

非遗具有显著的地域性和民族性特点，具有很强的文化异质性（乔春梅，2017）。非遗文化内涵有时无法通过简单的音译或意译进行准确处理，因为它们在目标语读者的生活经验和文化认知中原本并不存在。当译者仅使用意译时，目标语读者无法正确理解源语中的非遗文化概念。对于源语与目的语之间缺乏对应表达的名称的翻译，通常采用"音译+意译"或"音译+解释"的方法，这种方法"既能消除英汉语之间的文化差异，又兼顾了目标语读者的接受能力"（陆道恩，2016）。例如，（贵州）仰阿莎：Yang Asha（poetry）；（贵州黎族）阿妹戚托：Amei Qituo（a primitive folk dance of Yi people）；（广西民俗）钦州跳岭头：Qinzhou Tiaolingtou Folk Festival Custom；（广西传统曲艺）广西文场：Guangxi Wenchang Singing Art;（传统戏曲）起霸：qiba（ritual adjustments of helmet and armor before battle scenes in traditional operas, intends to establish a martial atmosphere）;（上海）石库门里弄居住习俗：Shikumen Lilong dwelling customs, a kind of lilong residences consisted of rows of traditional Shanghainese stone houses combining western and eastern architectural style；陕北窑洞建造技艺：traditional practices for building shanbei yaodong, an earth shelter dwelling common in the Loess Plateau;（广西）吊脚楼：diaojiaolou, wooden houses projecting over the water, built and inhabited by minority groups in south western China;（传统技艺）施釉：shiyou, a process covering the porcelain surface with thickened fluids, a mixture of water and clay, quartz, or limestone；（传统技艺）烧窑：shaoyao, a crucial technique to burn the clay under high temperatures to help it take shape.

上海非遗"石库门里弄居住习俗"，中的"里弄"与平常人们理解的"小巷"不一样。在近代的上海，很多民居形式都被人们称为"里弄（俗称弄堂）居住习俗"，是上海独有的一种建筑文化风俗与传统。在翻译时，译者没有简单地将"里弄"译为"lane"或"laneway"。

（三）音译

音译最初始于佛经翻译家玄奘的"五不翻"，"五不翻"从本质上看即音译，音译很难传达佛经中难以被汉语文化所理解的文化内涵，选择性地将这些文化概念过滤掉，旨在保留佛经的源语文化。音译并非指的是不译，而是"消解可译性限度"的一种办法（刘祥清，2010）。非遗中存在大量地名与人名，因地名、人名一般不具有象征意义，故大多可直接音译。检索平行语料库，比如二胡：*erhu*；（上海）乌泥泾手工棉纺织技艺：Wunijing cotton textile techniques；唢呐：*suona*；琵琶：*pipa*；（南音始祖）孟昶：Meng Chang。

以上例子中，唢呐按音译方法翻译成 *suona*，已被英语读者广泛接受。但是在检索语料库时发现，唢呐也有被译成 *suona horn* 的情况，这个译法也得到了许多读者的认可，并被收录在各种字典中。在所收集的语料中发现，但凡是非遗中的人名与地名，在译文中统一采用拼音，同时加斜体以示该词非英文词汇，从形式上凸显其异质性。其次，人名音译时，姓和名分开，采取"姓前名后"的形式。这里有两点需要指出：首先，我国少数民族名称的英译也采用的是音译，比如非遗项目"羌年"和"黎锦技艺"分别被译为 Qiang New Year Festival 和 Li textile techniques；其次，音译一般用于非遗中的地名和人名翻译，而当传统民间文学中出现人物名字时，则采用了"音译+注释"法，如国家级非遗民间文学"阿凡提的故事"，许敏、王军平（2016）将之译为："Legend of Afanti, a knowledgeable and wise man."。

（四）音译+直译

单独使用音译有时候并不能准确传达非遗的内涵，因此根据非遗术语的内涵,可以采用"音译+直译"法。纵观非遗人称术语的结构形式,一共分为四大类:"民族名+类别词""地名+类别词""地名+民族名+类别词"及"代表人物名+类别词"(阮红波,2021)。在翻译非遗人称术语时,民族名、地名和人名通常采用音译的方式,而类别词大多数在目标语中已有对应的表达,可以采用直译法。比如:粤剧 Yue Opera,"壮剧""桂剧"和"邕剧"分别译为 Zhuang Opera、Guangxi Opera 和 Nanning Opera;(传统舞蹈)藤县狮舞:Tengxian Lion Dance;瑶族金锣舞:Yao Minority Golden Gong Dance;(传统民俗)龙胜瑶族服饰:Longsheng Yao Minority Costume;壮族歌圩:Zhuang Minority Singing Fair;(传统医药)壮医药线点灸疗法:Zhuang Medication(Zhuang Minority medicated thread moxibustion therapy)。

(五)音译+意译

人名与地名本身没有文化内涵,只是一种用来传达信息的语言符号,但是运用音译法去翻译富含文化概念的非遗术语时,往往无法达到准确传达源语的效果。因此,需要增加"意译"法以确保源语的文化内涵能准确传达(许敏、王军平,2016)。比如古琴的三种音色:散 san,open string;按 an,stopped string;泛 fan,harmonics;折子戏:Zhezixi,highlights from operas。源语非遗术语表达简洁,但却蕴含丰富的文化内涵,如不采用"音译+意译"结合的方法,很难准确传达源语意义。再比如上海非遗"青浦田山歌"里含有大量的非遗术语,在翻译时,直接采用音译法,会让目标语读者不知所云(潘文国,2011)。通过检索双语平行语料库发现其译文皆采用了"音译+意译"法。头歌:touge(starting song);前卖:qianmai(first continuing solo);前嘹:qianliao(first lingering sounds);发长声:fachangsheng(a longer solo);赶老鸭:ganlaoya(chorus);后卖:

houmai（second continuing solo）；后嘹：houliao（second lingering sounds）；歇声：xiesheng（last chorus）。

（六）直译 + 注释

对于源语与目的语之间存在相应表达的名称，其翻译可以采用直译的方法，因为直译既能保存非遗术语的地域特色，便于目标语读者理解，也有利于丰富目标语的语言表达。"注释"的使用主要针对的是某一民族或地区所特有、蕴含丰富文化内涵的概念。"直译 + 注释"能准确传达富含地域特色和民族特性的文化概念，使目标语读者对非遗术语的内涵一目了然。"注释"包括脚注、尾注及文内注释，本章所提及的"注释"指的是文内注释。比如（毛南族花竹帽编织技艺）竹编：Bamboo Weaving（Maonan bamboo hat weaving craftsmanship）；（南丹勤泽格拉）铜鼓舞：Bronze Drum Dance（Nandan qinzegela）；（西安鼓乐）坐乐：sitting music, a delicate form of performing inside a hall, in which performers follow a fixed musical pattern；（陕西传统技艺）腰鼓：waist drum, a musical instrument hung to the waist popular in Shaanxi province.

（七）意译 + 注释

意译主要是基于源文意义而采用的一种翻译，非逐字逐句翻译，通常用于句子或短语的翻译，而意译主要适用于源文本和目标文本之间存在巨大文化差异的情况（许妙，2018）。从跨文化视角来看，意译强调文化系统与源语和目标语的相对独立性，大量实例证据表明，只要基于英汉语言之间的句式差异，意译就可以解决源文本和目标文本之间的问题，那么"意译 + 注释"是一种不错的选择。比如：（宜昌传统戏剧）堂鼓：percussion （barrel-shaped drum used in traditional opera）；（传统戏曲的特定板式）导板/倒板：leading-in-meter（a beat pattern used for sad melancholic scenes in traditional Chinese opera）；（传统戏剧）花脸：painted-face role（male character in traditional Chinese operas with a darkish painted face）。

以上例子中的堂鼓，也称为"同鼓""战鼓"，它是由木头制成的，两面都覆盖着皮革。现代打击乐器一般有三种规格，直径分别为22cm、25cm和32cm，高度为33cm。演奏时，堂鼓会放在一个木制框架上，用双锤敲击。这种乐器为中华民族特有，在意译时，英汉语文本之间的文化差异还无法解决，因此翻译时，采取了"意译+注释"。

（八）增译

非遗蕴含丰富的地域文化特色，在目标语文化中很难找到对应的表达，容易产生文化空缺。因此，在翻译非遗术语时，可采用增译法。例如，（传统戏曲术语）曲牌：fixed-melodies。曲牌是旋律之歌，被称为牌子，它是传统戏曲中相当重要的组成部分。字面上的"曲牌"应该是"按调填词"，词多词少，每个旋律都有它的句子数、押韵数和帧数，甚至每个句子的句法、平调和斜调都有一定的格式。它的英译是在melodies之前增加一个形容词"fixed"，这个表达深刻地体现了它的内涵。再例如，（传统戏曲术语）数板：counted beats speech。数板是一种只需说而不需唱的戏曲，配以拍板的板式戏曲，其口语的句式和押韵与民谣中的文字相同，长度不固定。因此数板是一种基于传统戏曲的说唱。在翻译时，译者运用了增译法，译为"counted beats speech"，可以避免该术语产生歧义。再比如，笛子：horizontal bamboo flute。在中国传统音乐中，笛子是一种常用的十字木管乐器。笛子分成竹笛和骨笛。顾名思义，竹笛是由竹子做成的；骨笛是骨头做的。在"笛"之前选择"竹"，以避免歧义。其次为避免和"横笛"混淆，因此，在"长笛"之前添加了"horizontal"。

五、名词非遗术语的翻译规范化

译者所掌握的翻译方法和综合素质在很大程度上决定了非遗外宣文本的翻译效果。译者采用的翻译方法不同，翻译效果也就大相径庭，甚至可能导致"中式英语译文"等不规范的译文，这不仅导致目标语读者无法理解源语内涵，也将直接影响非遗的外宣效果，长此以往，中国在国际上的形象也会受到负面影响。因此，非遗术语的外宣翻译规范化是亟待解决的问题，值得我们进一步深入探讨。当前，非遗外宣还存在许多不足，为了使中国非遗术语的外宣翻译有理可循，应加快归纳并扩充英汉非遗术语库，从而降低甚至消除译文不准确所造成的不利影响。文化交流是中西方之间进行贸易往来和技术合作的基础。译者在进行非遗术语外宣翻译时，首先要做到的就是深刻理解中国非遗的内涵和文化差异，而非遗术语则是文化差异在语言层面最为集中的体现。因此，对于非遗术语的翻译将成为非遗外宣翻译工作的重点。非遗术语翻译质量是衡量一个译者翻译能力和综合素质的重要标准。如果非遗术语翻译效果不佳，势必会影响中国非遗在国际上的传播，也将限制阻碍中国传统文化的外宣效果。

语料库语言学为非遗翻译研究提供了新的视角，语料库技术为翻译研究提供了一种新的范式，可以深入挖掘和认知非遗文本在语言运用层面的规律和特征，从而可以总结出可靠性更强、普适性更高的翻译原则和策略，有助于解决目前非遗翻译研究所面临的困境和问题。本章基于非遗双语平行语料库系统地提炼出了八种翻译方法，并分析了在翻译过程中的使用比例。其中，"直译"和"音译+注释"翻译法运用比例最高，因此在翻译非遗文本时，可以优先考虑这两种译法，其他方法可以作为备选。非遗术语翻译的目的是将非遗术语的内涵准确地翻译成目标语，同时最大限度地保留非遗文化和地域特色。与此同时，我们还将不断规范、补充并更新英汉非遗术语库，为非遗外宣翻译提供可靠的翻译参考。

第九章　交往理性视域下中医药功效语的英译策略及对非遗术语翻译的启示

传统医药功效语存在大量的文化负载词汇，英译时在翻译实践上有过度归化或过度异化的倾向。本章基于交往理性，以传统医药说明书上的功效语为翻译研究对象，在翻译策略上将中医药的功能和主治部分进行区分，功能部分以异化策略为主，强调文化保真；主治部分以归化策略为主，侧重文本的可理解性。基于交往理性的传统功效语翻译策略对促进传统医药类非遗的外宣翻译和交流具有一定启示意义。

一、传统中药翻译的重要性

中医药是我国的国粹，大力提升中医药外宣翻译质量，向世界传播传统医药文化，是一项艰巨而光荣的任务。但与以实验医学为基础的西医相比，传统医药主要基于中国传统辩证的哲学思想，传统医药典籍、传统医药说明书等文本文化里的负载词非常丰富，阻碍中医文化对外传播，不利于中医药国际化进程。"文化负载词是一个民族或团体中所特有的词，是民族文化在语言中的典型反映"（胡文仲，1996）。传统医药富含中国传统文化和哲学思想，因此蕴含着大量的文化负载词，成为传统医药外宣翻译的最主要障碍。前人（刘法公，2000；陈向荣，2017；陈晓倩，2019；骆东升，2021）分别从不同视角和不同方法对传统医药的英译进行了研究，取得了一定的研究成果，但是经可视化文献数据研究发现，鲜有研究者以交往理性为视角对非遗传统医药的英译进行研究。本章以传统医药说明书中文化负载词高度集中的功效语部分的英译为研究对象，以尤尔根·哈贝马斯（Jurgen Habermas）的交往理性为理论指导，研究传统医药说明书功效语的翻译策略，以期为促进中医文化传播、实现中西医文化平等的对话交流提供有益借鉴。

二、交往理性理论

尤尔根·哈贝马斯作为当代欧洲影响最为深远的思想家，是法兰克福学派最主要的代表人物之一。哈贝马斯的研究领域涉及语言学、社会学和传播心理学等诸多领域。其代表作《交往行为理论》于1981年正式出版，立即受到了社会学界的广泛关注。在该书中，哈贝马斯对交往理性原则进行了详细阐述，他将人类行为主要分为目的性、规范性、戏剧性和交往四大类型（1994），请见表9.1。

第九章　交往理性视域下中医药功效语的英译策略及对非遗术语翻译的启示

表 9.1　哈贝马斯的人类行为区分

序号	行为类型	有效性要求	世界关联
1	目的性行为	真实性	客观世界
2	规范性行为	正当性	社会世界
3	戏剧性行为	真诚性	主观世界
4	交往行为	真实性 正当性 真诚性	客观世界 社会世界 主观世界

交往理性是哈贝马斯交往行为理论的基本理念，其核心理念是"在交往过程中，交往双方能毫无保留地在沟通交往后所产生的共识基础上，使个人行为符合合作计划的一切言语交互活动"（哈贝马斯，1994）。他提及的"交往过程"即人际语言沟通，即人际交往的主体之间以语言为媒介，通过对话与合作最终实现相互理解。由表 9.1 可见，哈贝马斯的交往行为分为三种行为模式是三种世界观的统一，相对比于其他三种行为（目的性行为、规范性行为和戏剧性行为）更具有合理性。"哈贝马斯的交往行为理论的中心原则是交往理性，交往理性将人际交往和语言交流进行了整合，从而为语言间的转换实践奠定了理论基础"（李文杰，2017，2018）。哈贝马斯在深入地研究人际间的交往行为后，认为语言交往的行为是以交往理性为基础的，并认为社会行为和人际交往的核心概念也是交往理性。在哈贝马斯的理论基础上，龚群（2005）把交流理性总结为："在交流过程中的相互了解和协调是基础的，从而使关联目标共同接受的合理目标为目标的交流合理性"。交流的重点在于三个基本原则：一是交往行为是人际语言行为主体的一种行为，是主体之间的语言互动关系，实质上改变了以二元对立为基础的逻各斯中心主义（西方形而上学的一个类别）；其二，交往过程是人际交往主体间相互理解和协调的一个过程。"可理解性是交往行为的本质特征"（龚群，2005）；其三，平等原则是交往行为的基础，否则交往主体就无法达成交往的合理性目标。

哈贝马斯在文化、社会、政治等多个方面对交往行为理论进行了应用。特别是在文化方面，哈贝马斯相信，"不同文化传统和不同信仰价值观的群体和民族的交流，需要以沟通的理性为原则，实现平等对话"（章国锋，2000）。在文化多样性基础上，交往理性要有开放性和包容性。"不同文化种族的交流应当跳出了他们的思想和传统文化的局限和限制，在同等的交流环境下，抛弃了成见，最后才能达到理性交往的目的"（哈贝马斯，2001）。换言之，在交往过程中，不同的文化传统和思考方法的主体之间应以理性沟通，通过和平对话，相互理解，以实现共同发展的交往目标。

三、中医药说明书功效语英译现状

中医药功效语是指"按照中医理论描述某项活动所具有的功效的语言"（蒋林，2002）。在中药说明书中，功效语为功能主治部分，这是介绍药物功效的重点部分，带有浓厚的中华文化色彩。国家级非遗乌鸡白凤丸的功效语："乌鸡白凤丸具有补气养血，调经止带之功效，主治气血两虚引起的身体瘦弱、腰酸腿软、阴虚盗汗、经血不调……之功效。"该功效语大量运用四字结构，对仗工整，翻译起来很有难度。还有些传统医药的功效语集中出现中医基础理论中的六淫（风、寒、暑、湿、燥、火）、八纲（阴阳、表里、虚实、寒热）等文化负载词，要想准确翻译，难度可想而知。

在中医药功效语的翻译策略上，有人主张应该对照西医采用归化的翻译策略。他们认为中医药英译的目标对象是国外友人，所以应该突出语言的外宣功能，扩大中医药在世界医学的影响力，所以"应充分考虑外国人对译文的理解"（刘干中 等，1992）；"可以基于目标语文化的准则，对源语进行适当的增减和改译"（欧阳利锋，2002）。有人提倡异化的翻译策略，

第九章　交往理性视域下中医药功效语的英译策略及对非遗术语翻译的启示

主张建立一个全新的、属于中国自己的"中医语言学",反对套用西医的语言,外国人在学习中医语言或者文字时,如何提升理解,这是外国人自己的事……我们只要用自己的语言去教育他人,而不需要去适应他人"(黄欣贤 等,1993)。在翻译实践中,有的译文大量删减文化负载词,甚至完全西医化。比如,将"蜜炼川贝枇杷膏说明书"的功效语"润肺化痰、止咳平喘、护喉利咽、生津补气、调心降火"翻译为"provides temporary relief of coughs and sore throat associated with common cold, influenza or similar ailments. Nin Jiom Pei Pa Koa is effective for the temporary relief of the symptoms of bronchial cough and loss of voice"。源语中富有中医色彩的四字文化负载词全部省略,而参照目的语读者较为熟悉的"伤风咳嗽、痰稠、痰多气喘、咽喉干痒及声音嘶哑"进行翻译。然而,有些译文则过度强调保留中医文化特色,比如将"风热侵犯上中焦"翻译为"the attack of wind—heat on the upper and middle—jiao",对目的语读者来说,该译文则无法理解。

综上,以西医文化和目的语读者为中心,牺牲了中医药的文化特色,不利于中医文化走向世界,可能导致译文过度"归化";而译文以中医文化为主体,就会忽视不同文化之间的平等对话与理解,不尊重目的语读者对中医文化的兴趣,又可能导致过度"异化"。从交往理性的角度看,在翻译实践中,译者、目的语读者、源语文化和目的语文化几个主体间如果没有在中医和西医文化之间实现符合交往理性原则的平等和协调对话,就无法实现相互理解,从而达到和谐共处的最终目的。

四、交往理性指导下的中医药功效语英译

在涉及不同文化间的翻译理论和实践方面,哈贝马斯的交往理性具有一定的指导价值。中医药说明书功效语包含大量的文化负载词,在翻译实

践中，可以以交往理性为指导对中医药说明书的功效语进行翻译实践。在中医药说明书的翻译实践中，既不允许以牺牲源语文化特色为代价的过度归化，又要坚决反对以牺牲外国读者的顺利理解为代价的过度异化。基于哈贝马斯的交往理性原则，不同文化主体间的交往行为要基于相互理解与尊重，在不牺牲自我文化传统的前提下进行平等对话。翻译中药说明书功效语文本时，在翻译策略的选择上既不能以中医文化为主体，采取过度异化的翻译策略，更不能基于西医文化和目的语读者，以牺牲中医文化特色为代价，采用过度归化的翻译策略。在翻译实践中，需要综合归化、异化两种翻译策略，寻求文化保真和文本可理解性之间的相对平衡。

中医药功效语的外宣翻译目的是"要向目的语读者或医药使用者传达安全有效的中医药信息"（陈晓倩，2019），中医药说明书的功效语英译应首先区分功能与主治部分。功能部分的内容是"补气养血""清热解毒"等中医文化负载词，翻译策略可以以异化为主。中医药的这个部分是西药说明书所缺失的，充分体现了中医药独特的文化，因此以保全源语文化为翻译原则，即在翻译中保留中医药文化负载词和中医文化特色，以达到促进中医文化的对外传播、实现中西医文化交流的目的。诸如"阴""阳""气"这类西方人熟知的文化负载词，直接音译为"yin""yang""qi"，而不是归化为"negative""positive""vital energy"。通过文本分析可见，功能部分的内容以四字结构的文化负载词为主，主要可以归纳为下列四种关系，译文结构尽量与源文一致，以保持文化特色。第一类：并列关系，如补气养血（invigorate qi and replenish blood）；祛风除湿（dispel wind and eliminate dampness）。第二类：目的关系，如健脾止泻（invigorate the spleen to stop diarrhea）；滋阴养颜（nourish yin to prove complexion）；清肝明目（remove liver-fire to improve eyesight）；部分目的关系的功效语是目的在前，如"解表发汗"，即通过发汗达到解表的目的，翻译时可以译为"relieve exterior syndromes by inducing sweat"。第三类，动宾关系，如"滋补肝肾"译为"nourish the liver and kidney"；平调寒热（mildly regulate cold and heat）；清泻肠热（clear away intestinal heat）。第四类：主谓关系，如辛温解表（relieve exterior syndromes with pungent and warm natured drugs）；辛凉清热（clear away heat with pungent and cold natured drugs）。

中医药主治部分的内容是适应证及相关症状，翻译策略以归化为主。交往理性强调相互理解，而药品说明书属于科技文体，中医药说明书英译文本的读者中了解中医文化的凤毛麟角，阅读的目的是判断该药是否适合相应的病症。虽然中西医属于不同的医学体系，但目的都是预防、治疗疾病，研究方向和服务对象都是一致的，具有极大的共通性。因此，主治部分英译要以明确性和理解性为翻译原则，以药品功能主治为核心，对照西药说明书，将各种适应证及症状明晰化，将中医文化负载词归化为符合目的语文化习惯的表达法，从而提高文本的可理解性。

例1：山麦健脾口服液说明书

【功能主治】消食健脾，行气和胃。主要用于治疗饮食积滞所致的小儿厌食症。

主治部分"饮食积滞"又称"食积"，主要指食滞不能消化，日久成积。若将其异化译为"food stagnation"，则会导致理解障碍，妨碍文化交流。西医认为此种类型的小儿厌食症是由消化不良引起的，因此归化译为"For relief of child anorexia caused by indigestion"，易于目的语读者理解。

在中医药说明书的翻译上，将功能部分和主治部分结合起来就类似直译加注的方法，以主治部分明确具体、符合目的语文化表达习惯的适应证及症状充当注释，加强读者对功能部分文化负载词的理解。

例2：宣肺止嗽合剂说明书

【功能主治】疏风宣肺，止咳化痰。主要用于咳嗽属风邪犯肺证，症见咳嗽、咽痒、鼻塞流涕、恶寒发热、咳痰等。

Actions：Dispel wind and disperse lung—qi relieve cough and eliminate phlegm.

Indications：For cough caused by common cold mild bronchitis or similar diseases, relieving symptoms such as cough, itching throat, nasal congestion and discharge, aversion to cold, fever, and phlegm.

从以上译文中看，功能主治部分被分成了两个部分进行翻译。功能部分为文化负载词"疏风宣肺，止咳化痰"，翻译时单独列为"Actions"，目的语读者一望即知是中药说明书特有的内容，采用异化翻译策略，保全了中医文化。主治部分采用了归化翻译策略。"咳嗽属风邪犯肺证"属于中医学"外感咳嗽"的范畴，临床上主要见于感冒后咳嗽或症状较轻的支气管炎咳嗽等，被翻译为"cough caused by common cold, mild bronchitis or similar diseases"。译文既保持了药品说明书的科学性和信息性，又提高了目的语文化读者的接受度，有利于加强读者对于功能部分中医文化内容的理解。

五、对非遗术语翻译的启示

交往理性指导中医药说明书功效语英译，将源文文本区分为功能和主治两个部分。功能部分要关注文化负载词，强调中医文化保全，翻译策略以异化为主。主治部分对照西药说明书，明确适应证及症状，翻译策略以归化为主，强化中西药在治病防病上的一致性、共通性，强调文本的可理解性。从翻译功效语文本整体上看，以主治部分的内容充当注释，加强目的语读者对功能部分文化负载词的理解。

非遗术语是非遗领域的专业名词或者短语的总称，具有丰富的文化内

第九章　交往理性视域下中医药功效语的英译策略及对非遗术语翻译的启示

涵和地域特色。在非遗术语外宣翻译过程中，最难传达的便是非遗术语的文化内涵和极具地域特色的专业表达法。根据交往理性的核心概念，非遗术语应当跳出传统文化和地域风情的局限和限制，在同等的交往环境下进行言语交流，最后才能达到理性交往、共同理解的目的。交往理性原则指导下的非遗术语的翻译，也应符合交往理性的平等对话原则，促进非遗的对外传播，提升非遗的国际影响力。比如，广东非遗"东莞东坑卖身节"，从字面意思看很容易理解为 the festival of selling body，然而该非遗术语与字面意思上的"卖身"毫无关系，实际指的是古代穷苦之人出卖劳动力"labour force"的日子。诸如此类的术语还有很多，比如曲艺"漳州锦歌"、传统民俗"飘色"等。对于蕴含丰富的文化内涵和地域色彩的非遗术语，应秉承交往理性原则，翻译策略可以以异化为主，翻译技巧可以采用"直译+注释""音译+注释"的翻译方法，如"漳州锦歌"可以译为"Zhangzhou Jinge, musical arts of Zhangzhou"。这种翻译方式既保全了文化特色，又达到了顺利交往的目的；对于一些文化特色较少，地域特色不明显的非遗术语，则以归化翻译策略为主，采取"直译"技巧为主。比如民间美术非遗术语"剪纸""石雕""年画"等，可以直接译为"paper-cutting""stone carving""new year picture"。

第十章　中医药名词术语英译中的不可译现象及其翻译补偿策略

中医药术语的英译是中医药外宣的重要组成部分，也是向外国民众介绍我国中医药文化的根本途径。本章梳理了中医药语言与中华传统文化间互相渗透的关系，并基于中医药名词术语翻译案例指出其在英译中的不可译现象。运用造词及音译等翻译补偿策略可以使不可译转化为可译，但补偿策略并不能完全消除中医药名词术语的不可译现象。译者应根据中医药的特质整合既有的中医药名词术语英译方法，以推出行之有效的中医药术语翻译方法论体系和翻译标准体系。

一、中医药名词术语的翻译

中医药的海外传播是一件惠及世界人民的好事。在二十世纪之前，以中医针灸和中医脉诊为代表的中医内容逐渐被引入西方，少数中医相关术语的翻译逐渐被接受和认可，比如针刺"acupuncture"和艾灸"moxibustion"等。然而，当时的翻译比较零散且不成系统。在"中国文化走出去"的时代背景下，我国提出了"中医药文化走出去"的倡议，为中医药的国际推广与交流提供了良好的政治环境。随着中医药对外交流的不断深入发展，越来越多的中医药文献需要以语言为媒介传向海外，这就给翻译工作者提出了很高的要求：不仅需要熟练掌握中、英语言和翻译技巧，"还要具备必要的传统中国文化知识、中医理论和古汉语知识"（许天虎，2019）。中医药作为非遗的一个重要类别，具有很强的民族性特征，不仅包含大量中国传统文化元素，还涉及丰富的中国哲学思想和人文精神内涵。中医药的翻译带有典型的跨文化传播属性，翻译的难点不仅体现在文化元素的传递上，还体现在社会、历史、译者、读者等多个层面上。我国仅传统中医典籍就达数万种以上，但是"迄今为止翻译出版的科技典籍仅70部"（林宗豪、王宏，2017）。在这些已出版的中医药译著中，存在较多误译和漏译现象。中医药名词术语是中医药领域的专有名词或表达方式，蕴含丰富的中国传统哲学思想和文化特色。中医药的翻译现状从侧面反映了中医药名词术语在翻译时存在一定的不可译性，因此其外宣翻译一直面临着巨大的挑战，这无疑阻碍着中医药国际化进程。因此，需要基于中医文献的特点对中医药名词术语翻译的不可译性进行研究，并在此基础上提出中医药术语的翻译补偿策略，助力中医药的外宣翻译。

二、中医药术语不可译现象

（一）问题的提出

请看以下一段文字：

干燥是津不上承所致，或由热盛伤津，或由于阴液亏耗，也有因阳虚气化不行固津不上承的以及燥气伤肺的，因此燥苔主病是：热盛伤津；阴

液亏耗，阳虚气不化津，燥气伤肺，糙苔属热盛津伤苦为多。（《中医诊断学》第37页）

译文：Dryness is caused by the fluid failing to flow up, or by excessive heat consuming the fluid, or by the insufficiency of body fluid, or by thee inactivity of qi due to yang deficiency preventing the fluid from flowing up or by the dry pathogens impairing the lungs. Thus, the dry tongue fur usually reveals such pathological conditions as excessive heat consuming the body fluid, consumption of yin-fluid, as well as qi failing to transform fluid due to yang deficiency and dryness impairing the lungs. Rough tongue fur is mostly caused by excessive heat consuming fluid.

在以上这段文字中，中医药名词术语yang"阳"、yin"阴"和qi"气"使我们能依稀分辨出这是一篇中医方面的译文。这段文字的中心是dry tongue fur或rough tongue fur"舌苔粗糙"的起病原因，但出现在body fluid之前的文字更像是在讨论物理学或工程问题。用词方面，fluid和heat的所指很让人费解：fluid是不是广义的液体？body fluid是不是也包括blood？ heat给人的第一感觉是天气炎热，且和温度高的物体相联系，但excessive heat怎么解释呢？搭配方面，heat和fluid之间通常用evaporate，而不是consume连接，如果不看原文，你能想象这是"热盛伤津"的意思吗？ pathogen指的是病原菌，难道病菌也分wet和dry吗？结构方面，第一句中包含了五个by引起的短语，但有的用现在分词结构，有的不用，不符合英语平行结构的行文习惯；第四个by引起的短语嵌套了多层因果关系：by，due to，prevent from，在每一对关系中，究竟何为因，何为果，很难厘清。特别是preventing…from的逻辑主语究竟是inactivity of qi还是yang deficiency？这些问题不解决，将严重妨碍英语读者对中医文献的理解。

在以上的分析过程中，有两点值得注意。第一，以上都是从一个英语读者（不是已掌握原文的双语读者）的一般阅读心理出发，自然产生的疑问，并非苛求或刁难；第二，这段译文是作为正确的译例收入在一本中医翻译专著中。看来，以上翻译中的问题并非偶然或个别的现象，也不是译者粗心疏漏所致，而且未引起有关人士足够的重视。现在，我们不禁要问：这些问题产生的根源究竟是什么？

（二）中医药术语的内涵

中医药名词术语蕴含丰富的中国传统哲学思想和文化特色，因此其外宣翻译一直面临着巨大的挑战，这无疑阻碍着中医药国际化进程。如果认为中医典籍只是对传统医学理论的文字记载，而中医药术语则是医学理论的浓缩，就完全忽视了对中医药使用的语言本身的研究。事实上，中医药术语里无不闪烁着中华传统哲学思想和人文精神的光辉，无论中医翻译者有无意识到，愿意或不愿意，在翻译中医典籍的同时都肩负着传播中华传统文化的使命。

1. 中医药术语的哲学思想

由于古代科技水平不发达，中医学与中国的古典哲学存在水乳交融的关系。中医药的基本理论体系和重要观点都能从古典哲学中找到源泉。如"阴阳"和"五行"这两大中医支柱概念原本都属于哲学范畴，是古人对自然万物及其发展变化规律的认识，阴阳对立统一，五行相生相克，反映了朴素的唯物主义思想。又如中医在临床上用于辩证的"八纲"：阴、阳、表、里、寒、热、虚、实，实际上包含了四对相互对立、相互依存的矛盾。类似的中医理论都反映了深刻的哲学内涵。

2. 中医药术语的儒家传统

中国的儒家学说创始于孔孟，完善于西汉的董仲舒，两千多年来一直是中国封建社会的精神支柱和文化基石，其影响一直持续到今天。在中医学术思想的发展过程中,儒医时期(从医的儒士)起到重要的作用。例如《黄帝内经》形成约在先秦至西汉间,这一时期也是儒家思想发展成熟并成为中华文化主流的时期。因此,很难想象中医理论在其形成初期会不受到儒家思想的影响。此外,受到较高文化素养影响的儒医将曾被用于解释天象的阴阳五行说通过类比"analogy"用于人身,派生出五行生克等独特的理论。对于中医理论体系而言,儒家传统的影响是不容轻视的。

3. 中医药术语的文化内涵

以上讨论表明,中医理论具有深刻的哲学和儒教的文化背景。我们通过语言接触学习这些理论。语言与文化之间的关系似乎是个老生常谈的话题,一般认为"语言是文化的载体"。然而,这个比喻给人一种可以承载、也可以不承载的印象。这一点至少对中医文献的语言是不适用的,即真正的中医语言必然要无条件地体现中华传统文化。此外,中医理论本身已经成为中华传统文化的一部分,如"阳奉阴违""由表及里""避实就虚"等源自中医理论的概念已经渗入了中国人的日常生活中,也正因为我们的日常用语与中医术语共享一部分词汇和概念,普通中国人在阅读浅显的中医典籍或接触中药功效的说明文字时,并不感到十分困难。用现代语言学的观点诠释这一层意思,就是汉语读者在真正接触中医文本之前,已经进入了一个反映和展示中华传统文化和人文精神的语义场。而英语读者在真正接收英译中医文本之前,已经进入了一个反映和展示西方文化和人文精神的语义场。后一种语义场与中医文本(无论是否翻译)在本质上是不匹配的,与之匹配的是西医文本。

(三)中西医语言的对比

以下这段文字是西医关于炎症"inflammation"的说明:

When living tissues are injured, a series of changes, which may last for hours,

第十章 中医药名词术语英译中的不可译现象及其翻译补偿策略

days or weeks, occurs in and around the area of injury.This response to injury is known as inflammation, the term being derived from the Latin inflamer meaning to burn. Many different types of injury may evoke inflammation. They may be classified as follows：（1）Physical agents, ...（2）Chemical substances, ...（3）Hypersensitivity reactions, ...（4）Microbial infections, ...（5）Necrosis of tissue, ...（英汉对照医学读物——病理学，1991）

这段文字文法规范，结构严谨。第一段定义了"inflammation"，后续部分分类陈述了引起炎症的各种病因（由于篇幅原因，省略了具体的说明）。用词准确，描写精细，例如使用了"occurs in and around the area of injury"这个描述来指明炎症发生的部位。同时，从内容上也反映出西医与其他自然科学之间的紧密联系和概念上的衔接，如physical agent"物理"、chemical substances"化学"和microbial infections"生物学"。可以说，这段文字从形式到内容都展现了西医和西方文化注重理性、客观、准确和局部描述的特点。而中医在这些方面则表现出截然不同的特点。典型的例子是"四诊"——望、闻、问、切。其中，"望"除了观察病人的神色、形态、舌象外，还包括大小便等排泄物；"闻"容易引起歧义，它实际上包括听觉和嗅觉两个方面的诊断；"问"的内容也非常广泛，根据《景岳全书》的记载，"一问寒热二问汗，三问头身四问便，五问饮食六问胸，七聋八渴俱当辨，九因脉色察阴阳，十从气味章神见"，其中九、十已经涵盖了望、问、切的内容；"切"包括切脉和触摸皮肤。由此可见，四诊的内容远不是可以简单以四个字概括的。这种分类不够准确，如将两种不同的诊断方法统称为"闻"，则四诊中存在重复的部分，如"问"和其他三诊。另外，四诊都强调医生的主观判断，而不借助西医常用的听诊器、血压计、CT等客观工具。因此，中医在语言上注重感性、主观、用语模糊和整体概括。

如上所述，中西医语言上存在的这种差异本质上来自它们不同的文化背景。这也是为什么西医适合编写教科书传授知识，而中医的传授在传统上一直是通过"师傅带徒弟"的方式。

三、中医药术语的翻译补偿策略

承认中医药术语的不可译现象并不意味着不能翻译中医文献，也不意味着全面否定在中医翻译领域已经取得的理论和实践成果。相反，提出不可译现象的主要目的是引起各方面对此的重视，将中医翻译的研究推向更深入的层面，提出各种方案，以在遇到不可译的部分时进行翻译策略的补偿。翻译策略"是宏观层面的、解决翻译问题的原则和方案，是翻译取向的问题"（李孝英，2021）。毫无疑问，只有通过原著，而不是译著学习中医才是最根本的方法。这需要以英语为母语者在较高程度上掌握汉语（包括古汉语），以便读懂原文。然而，对于绝大多数西方读者来说，实现这一点是非常困难甚至不现实的。而且翻译中医典籍的另一目的是传播中华文化。因此，提出以下几种补偿方案。

（一）造词补偿策略

为了翻译在英语中无法对应的中医术语，曾经有西方学者提出利用拉丁语的词根创造新词，即利用词素的组合进行翻译。在中医的翻译实践中，已出现了越来越多的词素生造词，如 orbis "脏"、acupoint "穴"、endopenia "里虚"、pyropathogen "热邪"、hypercardiori "心气胜"等。采用这种方案的确能在一定程度上补偿对等语的缺乏，而且保证了译文的"简洁性"和"专业性"（李照国，2019）。由于丰富的、来源于各方的词缀、词干是英语的优势，这种方案的可行性很高。实际上，在英译汉的实践中早已有过成功的先例。在西方的先进科学技术知识传入近代中国时，

第十章　中医药名词术语英译中的不可译现象及其翻译补偿策略

英语中也有许多术语和概念在当时的汉语中找不到对等词，例如一百多个化学元素的名称大多无直接对应的汉字，明代的徐光启就创造了以表意的偏旁加一个声部产生新字的方法。汉字的特点使这种方法取得了成功。其实，汉语的形音造字和英语的词素造词非常类似。既然我们能够从"镁"字的偏旁知道这是一种金属，就不必太担心英语读者面对 endopenia 时脑中会一片空白。

（二）音译补偿策略

侯灿（1994）认为，"对中医独有而在现有英语词汇中找不到适当对等词或对应词，或无法用希腊词素构词法构造恰当新词的情况下，用汉语拼音加以音译……是唯一可行的出路。"笔者认为对中医药不可译的部分直接采用汉语拼音，是一种重要的妥协方案。

由于音译只是源语言的语音转写，看似方便并且"保真"，但问题很突出，"即转码时符形、符指、符释之间的关系割断，导致文化信息丧失，甚至造成译文的悖谬"（李孝英、邝旖雯，2021）。对此可能有两种反对声音：首先，用音译等于没有翻译；其次，这是译者不动脑筋、投机取巧的表现。关于前一种意见，既然前提是不可译，这当然不是翻译，而是一种补偿方案。另外，字母文字和汉字在西方人眼中毕竟是不同的，汉语拼音虽然奇怪，但并非绝对不能接受。关于后一种意见，我们认为拼音法补偿方案恰恰是译者权衡利弊、动足脑筋后的决定。比如，一些中医独有而西医中不存在对应词的术语，或者无法用希腊词素构造新词的术语，可以使用汉语拼音进行音译。

事实上，中医的某些重要概念，如 qi "气"、yin "阴"、yang "阳"、tuina "推拿"、qigong "气功"、cunkou "寸口" 等音译的词语已得到广泛认可，并已被收入英美的权威辞书。纵观英语发展史，也可以发现这种语言在本质上具有开放性，善于吸收外来词语。把中医不可译术语的拼音直接引入英语，只是新添了一批外来语，其最大的优势是能保证概念的纯洁和准确。《WHO西太平洋地区传统医学名词术语国际标准》将"邪正盛衰"译为"exuberance and debilitation of the healthy qi or pathogenic qi"（朱雁 等，2020）。长期以来，"气"译为"qi"已经被普遍接受，根据语义，正气可以翻译成"healthy qi"。音译法可以运用于中医药名词术语中的人名、地名和物名的翻译，因为这些名词所指对象明确，没有象征意义。

（三）音译+注释补偿

当然，仅仅把拼音带入译文是不够的，因为中医药具有丰富的文化内涵和哲学思想，纯粹的音译会导致"生硬译文"，无法呈现中医药的文化内涵。还得用浅近的英语进行解释，特别要与西医中的相关概念相区别。事实上，造词法最好也结合解释进行。引入新词加上适当解释应该是补偿不可译现象的基本方案。比如上海非遗传统医药"敛痔散"被译为"Lianzhisan hemorrhoid healing pulvis"，采用了"音译+注释"的翻译方法，读者就会在一定程度上掌握这种传统医药的功能内涵。再比如中药方剂"谢白散"可以先音译为"Xie Bai San"，然后括号内添加说明"Lung-Heat Expelling Powder"。再例如："肝气郁结可导致肝血瘀；气郁亦可化火，损伤肝阴和肝血"。译为"Binding depression of liver qi can lead to liverblood stagnation; qi depression can also transform fire, damaging liver yin and liver blood"（Wiseman & Andrew，1996）。译文中的"肝气郁结"的译文"Binding depression of liver qi"对英语读者来说完全陌生，不知所云。此时译者就必须对此进行注释："Binding depression of liver qi, also referred to as liver qi depression"。

采用词素造字法时必须谨慎，因为有关词缀主要来自拉丁词汇，它们也是西医术语的组成部分，仍带有西方文化意识的烙印，因此造出的新词有可能更像是西医术语。拼音法毕竟会影响英语读者的阅读和理解，英语读者在心理上附加于"qi"的文化意义未必和汉语读者附加于"气"的文化意义相同。根据翻译的严格界定，不可译现象仍然存在，因为补偿方案毕竟只是为达到原本应由纯粹的翻译工作达到的目的而做的一种补偿。

（四）意译补偿策略

由于中医药名词术语具有独特内涵，且植根于中国古代哲学，因此，中医药名词术语在理论和实践上与西医有很大不同，中医中的许多术语也无法在西医中找到对应语。如果一味地直译，很难做到准确翻译。因此采用意译法进行补充。意译法是在理解原文整体意义的基础上进行翻译，不逐字逐句地进行翻译。如"泻南补北"如果直译成"reducing south to nourish north"，读者会感到不知所云。实际上，在中医看来，南为阳而北为阴，火为阳而水为阴，心为阳而肾为阴，因此，在理解短语意义的基础上可以译成"reducing heart-fire to nourish kidney-water"。采用意译法在一定程度上让英语读者了解中医药所蕴含的传统文化内涵。有时也可采用"意译+补充"的方法，再如，对术语"五体"的翻译，可以先直译成"five body constituents"，然后再在后面进行补充说明："referring to tendon, vessel, muscle, skin and bone"。

四、中医药翻译的意义

怎样能够"让文物说话，让历史说话，让文化说话"是翻译工作者不可推卸的任务。我国中医药名词术语翻译和标准化研究百花齐放，并已取得阶段性成果，这对于普及中医药术语标准、提高中医药翻译质量以及促进对外传播具有积极意义。然而，由于中医药根植于中国博大精深的哲学思想并蕴含着丰富的文化内涵，因此具有一定的不可译性。正是由于这些原因，国外友人对中医药的了解甚少，这其中最重要的原因就是中医药的外宣翻译现状制约了中医药的海外传播。

  本章通过对中医药术语中带有浓厚中国文化特色的语言的分析，详细讨论了中医语言的深刻内涵以及由此产生的不可译现象。中医药术语的不可译现象从本质上来说是无法彻底清除的，尽管我们可以采取各种补偿方案来弥补翻译上的不足，但无法取消这种不可译的现象。中医药的外宣翻译或中医理论的对外传播任重而道远，需要相关从业人员和翻译工作者的相互合作和共同努力。前者应意识到翻译活动的明确目的和严格准则，以及语言与文化之间的紧密关系，并承认中医药术语翻译作为一种特殊的汉译英存在着不可译现象；后者则应加强中医专业知识的学习，虚心接受专业人员的建议，并结合语言特点探索对不可译现象的补偿方案。向西方使用者传达安全有效的药品信息，加深西方对中医药的理解和认识，促进中西医结合、中西药并用，可以有效防治疾病蔓延，从而增强我国中医药文化自信，提升民族自豪感。

第十一章　非遗外宣翻译现状及优化策略

自从我国实施"中国优秀传统文化走出去"重要战略举措以来，全国各地开始逐步对非物质文化遗产（以下简称"非遗"）进行挽救、保护和开发工作。在非遗的保护和开发方面，广东省取得了斐然的成就，成为全国非遗数量最多的地区之一。然而，据调研发现，广东在非遗外宣翻译方面的成就与广东省非遗的重要地位并不相匹配。因此，本章基于广东省非遗外宣翻译工作现状，提出了优化非遗外宣翻译的策略，旨在提升我国非遗在国际上的传播效果，同时也能够促进优秀传统文化的"走出去"，提升国际文化软实力。

一、调研背景

广东省拥有丰富的非遗资源，广东非遗是见证广东文化历史发展的"活化石"。从地域上看，广东文化是岭南文化重要的组成部分，涵盖了广府文化、潮汕文化、客家文化、雷州文化和高凉文化五大文化版块，在中华民族文化的发展史上,广东文化不仅占据着重要地位,而且发挥着举足轻重的作用。广东省在非遗的保护和开发方面做了大量工作,并取得了显著成就。然而,在外宣翻译工作方面仍有较大的提升空间。不断加大对外宣传非遗的力度,不仅可以促使优秀传统文化走向世界,而且还响应国家大力提倡的"文化走出去"的战略(冯欢、潘春静,2018)。怎样能够在国际上"让文物说话,让历史说话,让文化说话"是翻译工作者不可推卸的任务。外宣翻译对增强一个国家或民族在国际上的文化软实力有着不可估量的作用,它既有助于增强文化软实力,又可以体现和展示文化软实力,是跨文化传播的必备"中介桥梁"(刘明东、陈圣白,2012)。为了更全面系统地掌握广东非遗外宣翻译的现状与发展逻辑,课题组以广东非遗外宣翻译为研究对象,采用文献法和实地走访相结合的方式进行调查与深层次探讨,以全面了解广东非遗外宣翻译的现状、发展瓶颈,并提出相应对策与建议。

二、广东省非遗保护现状

从 2001 到 2020 年,中国非遗保护经历了探索起步、发展成型和跃上新台阶的三个历史性阶段。在早期,广东的非遗传承和保护主要是以民间的、自发性的保护为主。继《中华人民共和国非遗法》出台,广东省于 2011 年 7 月 29 日通过了第一部非遗保护配套地方性法规《广东省非遗条例》,从此以后,政府主导的非遗研究和保护逐步展开。广东省相继出台了《非遗名录项目管理办法》《非遗项目代表性传承人管理办法》《关于进一步推进岭南文化名城建设的若干意见》等非遗保护措施或法规(李银霞,2012),为广东省非遗的保护和开发提供了强有力的地方法规、规章和政策保障。此外,广东省还成立了非遗保护部门,如"广东省非遗保护中心",

并且广州、珠海、深圳、佛山、肇庆、汕尾等地相继成立了非遗保护中心或领导小组。中山大学于2002年成为中国非物质文化遗产研究中心，并于2004年12月被列为教育部人文社会科学重点研究基地。这些非遗保护中心或组织的成立，促进了广东省非遗保护机制的完善。

与此同时，在对中华优秀传统文化进行创造性转化和创新性发展的"双创"理念指引下，广东省非遗从保护思路到保护形态上出现了一系列新的变化。首先，在互联网和电商蓬勃发展的时代，非遗保护发生了多元赋能、跨界融合的新变化。在思路上，非遗保护逐渐从以往的单纯捐助转变为多元赋能、自动造血阶段，非遗保护可持续发展的意识和观念正逐渐培养和加强；在形式上，多种跨界融合的新模式不断涌现，非遗融入现代生活与消费正在形成。其次，在非遗生产端，非遗手工制品产业链不断发展，市场化运作方式和手段逐步升级。从事非遗手艺制作的队伍日渐庞大，在高科技的加持下，非遗技能不断提升，收入也明显提高。2020年，广州第一个非遗街区（永庆坊）的开放，正式标志着非遗手工产品从"深闺"大步走向大众和经济市场，广东的非遗传承已经开始实现自给自足的良性循环。最后，根据唯品会和艾瑞（2019）联合发布的非遗消费数据，广东省的非遗消费潜力不断被激发，非遗消费如火如荼地开展，有力促进了地方经济的改善和人民生活水平的提高。从非遗消费品特点上看，非遗的消费品类丰富，涉及地方的丝绸制品、手工艺品、传统民族饰品等，产品设计上不断升级，在继承传统基础上不断创新发展；非遗营销方式和手段不断创新，涉及淘宝店及直播平台等；非遗消费人群呈现年轻化和普及化，消费主力主要为"80后"女性，其中不乏高知阶层，人们更关注的是非遗产品的文化内涵和外形设计。

三、广东省非遗外宣翻译现状

广东非遗的开发和保护工作成绩有目共睹。然而,要让广东非遗走向世界,就需要借助语言的翻译。因为,只有通过外宣翻译,才能将广东非遗文化推向世界,并探索出一条利用国际资源对非遗文化进行开发和保护的道路。这是一个任重道远的工作。调研情况显示,广东非遗的外宣翻译现状与其重要地位并不相符。

(一)从网页宣传来看

广东文化馆提供了广东省非遗保护中心主办的广东非遗数据库,其网页上对广东省非遗的介绍也非常详细。然而,经过仔细查阅发现,网站上并没有相应的英文介绍,也没有英文版的数据库或网页。此外,广东省文化和旅游厅的官方网站对广东地域文化和旅游资源有较为详细的介绍,但缺乏英文简介模块。在广东省文化馆的官网上可以查询到全省各地方的非遗中文文字和图片资料简介,但这些资料并未翻译成英文。事实上,国内全网只有中国文化网(英文版)和中国非遗网提供广东的非遗资源的英文简介。由此可见,从网页上的非遗宣传现状来看,对于广东省非遗外宣工作的开展极其不利,广东省非遗的外宣翻译工作有待加强。

(二)从市面上流通的出版物来看

通过对广东省文化和旅游部的相关人士的访谈,并对省级及各市的图书系统进行检索,发现目前仅有广东世界图书出版公司于2010年出版发行了广东省非遗名录图典(一)(中英对照版)。该图典仅收录了国务院公布的广东省第一、第二批国家级和省级非遗名录。然而,经过课题组进行仔细核对和研究后发现，2010年（中英对照版）存在大量漏译现象，例如：第402页有250个汉字的英文翻译缺失，445页有36个汉字的英文翻译缺失，等等。此外，还存在一些误译现象，例如第330页的最后一行，...are caller for...（应为：called），第343页英文倒数第三段把中文的9道工序译成了"8道"。至今，国务院公布的第三批至第五批国家级非遗项目和广东省公布的第三至第七批非遗项目暂无中英对照版。其次，广东人民出版社于2013年出版了《广东省非遗名录图典（二）》，主要收录了第三批广东国家级非遗名录和广东省第三、四批省级非遗名录。2017年广东人民出版社出版发行了《广东省非遗名录图典（三）》，其中收录了国务院公布的第四批广东省国家级非遗项目名录以及广东省第五、六批省级非遗名录。截至目前，只有图典（一）出版发行了中英对照版。

（三）从非遗翻译实践的研究来看

在检索广东非遗数据库时，能够查询到少量相关的著作和论文目录索引。然而，这些资料几乎都涉及非遗的开发、保护和传承，对于非遗翻译实践和外宣研究方面的资料相对匮乏。即便在中国知网（CNKI）上，能检索到的关于广州或广东非遗的研究论文也仅有160篇，主要涉及地方非遗保护和开发以及非遗小类别的保护和宣传。然而，当输入主题词为"广东非遗外宣翻译"时，只有三篇论文可获得。在输入关键词"广东非遗外宣"或"广东非遗翻译"进行检索时，尚未发现相关研究成果。广东省大部分有关非遗文化的宣传资料均为中文或地方方言。我们课题组在广东非遗中心展览馆所看到的传统舞台剧《刁蛮公主憨驸马》和陆丰皮影戏视频资料中，也没有发现英文字幕翻译。例如，木偶戏《潮州铁枝木偶戏》，虽匠心独运、内容生动，但遗憾的是迄今为止这一经典剧目没有配备英语译文。这不利于外国友人理解和体验这些珍贵非遗的内涵。以上现状表明，广东省非遗翻译的研究相对滞后，这在一定程度上制约着广东非遗外宣工作的推进和广东非遗文化"走出去"战略目标的实现，需要引起重视并尽快开展相关工作。

（四）从非遗保护单位的外宣工作来看

截至目前，在中国非遗官网查询到的广东省国家级非遗项目共有165项。2005年广东省非遗保护中心在广东省文化馆挂牌。随后，广州市非遗保护中心于2007年2月13日在广州市文化馆正式挂牌成立，旨在以展出和商演结合的活态方式呈现广东省丰富的非遗资源。广东省政府对非遗的保护、传承和传播等方面给予了极高的重视，然而在非遗外宣翻译方面，还存在很大的提升空间。在调研过程中，课题组发现广东非遗博物馆位于广东省非物质文化中心所在楼层的第二层。所陈列的非遗项目仅配有中文介绍，缺乏英文对照版，外国游客只能依靠视频和图片来感知非遗的内容。再比如第一个广州非遗街区——永庆坊，在2020年8月22日上午正式开放。广州市西关永庆坊旅游区主要包括荔枝湾片区、永庆坊和粤剧艺术博物馆。它是老广州文化最具代表性的街区之一，集聚了大量丰富多彩的非遗工艺制品和作品。然而，该非遗街区作为广东省首个广州文化最典型的街区，除了景区常规的公共标识和提示语等配有英文译文外，非遗艺术品的介绍中很少见到英文翻译。以上是这些非遗项目或活动的外宣翻译工作方面的缺失，一方面导致国际友人难以享受到非遗资源所带来的文化体验，另一方面也将严重制约广东省外宣工作的顺利推进和开展，并影响经济效益的实现。

四、非遗外宣翻译优化策略

（一）政府与主管部门层面

1.设立专项资金，加大非遗投入

自2010年起，国家社科基金专门设立了中华学术外译项目，旨在向海外推介和传播国家优秀的社科哲学成果。广东省哲学社会科学规划办也可设置专项科研项目，为非遗翻译研究项目提供专门款项支持，并继续资助出版和发行广东省非遗名录图典的第一、二、三中英对照版书籍。省级相关主管部门还可设立专项经费，用于生态区内非遗传习中心（点）的建设和运营，并增设英语翻译和讲解培训项目。地方政府可以由地方文化厅（馆）牵头，设置专门的研究课题和项目，促进非遗外宣翻译研究的开展，并积极营造社会学界研究非遗翻译的浓厚氛围。

2.设立专门的非遗外宣翻译部门

为了有效开展非遗外宣翻译工作，可在广东省文化馆或广东省非遗中心设立专门的外宣翻译部门或配备非遗专业译员。该部门或人员的主要任务是收集、整理和研究现有的非遗英文或汉英对照资料，并保留质量高的译文。对于质量低下或传播效果不理想的非遗译文，应及时进行校正和补充。此外，非遗外宣的重点工作之一是充分利用中译外人才资源，并挖掘和引进海外华人翻译、汉学家和翻译家。广东省拥有明显的海外渠道和人脉资源优势，可以重点开发和利用这支队伍的力量，通过相关网络平台和途径聘请高端海外翻译人才或引进他们加入非遗外宣翻译团队，为提高非遗翻译译文质量和广东省非遗外宣事业做出贡献。

3.定期举行广东非遗文化展览会

为了更好地宣传非遗文化，推动中华优秀传统文化的"走出去"战略，可以由广东省级或地方政府的相关部门组织在广交会或美博会上设立非遗文化外宣展区或非遗展品区。通过这种方式，不仅可以让外国客商亲身体验广东非遗传统文化，深入了解非遗文化，还能创造一定的经济效益。为了方便外国客商更好地了解非遗项目或产品，应为每个非遗项目配备外文介绍，并在展览会中配备非遗翻译专员，由他们担任非遗项目讲解员，使国外参展人员不仅能了解非遗文化的表层含义，还能了解非遗文化背后的故事，提升非遗外宣效果，促进非遗产品的交易。

4. 举办非遗文化外宣翻译大赛

由于专业的非遗外宣翻译人才稀缺，各级相关政府部门可以定期举办非遗外宣翻译大赛，挖掘和招募民间非遗翻译能手。应由文化和旅游厅相关部门召集专家评审，共同制定翻译大赛规则，并聘请专人批阅参赛者的译文。对于优秀的译文，可以组织相关译员进行面试，招募或者聘请他们成为非遗翻译译员，负责翻译非遗相关资料并出版相关书籍。通过专业翻译比赛的方式选拔非遗文化外宣翻译人才，不仅可以招募到非遗翻译人才，还可以起到非遗文化宣传的作用，可谓一举两得。

（二）高校与社会层面

1. 政校、校企联合推进非遗翻译研究

基于当前广东省非遗英文资料匮乏，且相关外宣翻译研究相对滞后的情况，可以由教育主管部门组织相关高校和科研单位联合举办非遗科研项目。目前国内已有高校开始建设跨学科、与社会发展实际需求相结合的翻译研究机构或组织。例如，2015年宁波大学设立了"浙江翻译研究院"（翁敏雅，2018），旨在发挥高校与社会机构的各自优势，联合培养翻译人才并开展翻译共建项目。广东省政府以及各级地方政府的相关主管部门可以鼓励高校或社会机构设立专门机构，开展项目共建，以期引领并探索广东省非遗外宣翻译的新途径。

2. 发挥翻译协会引领作用，促进非遗翻译发展

陈芳蓉（2011）首次提出"非遗翻译"课题，标志着国内学者开始开展非遗翻译研究。此后，围绕非遗的翻译理论和实践如火如荼地开展起来。广东省翻译协会自2007年以来，每年都定期举行最前沿、最热门话题的翻译专题研讨会，并为该领域的翻译提供建议和支持。为助力"优秀传统文化走出去"的战略实施，翻译协会应充分发挥学术带头作用，定期开展优秀传统文化翻译研究专题研讨会，举办非遗外宣翻译研究或非遗翻译研究专题研讨会。此外，还可以在翻译协会主办的期刊中设立论文专栏，鼓励高校和社会各界人士投稿，促进优秀传统文化翻译策略的研究和非遗翻译人才队伍的培养。

3. 重视高校翻译人才的培养

与普通文本翻译不同，非遗文化翻译具有一定的特殊性。因此，应基于非遗翻译特点，充分了解非遗外宣翻译的独特性，加强对非遗专业翻译人员的培养，提高非遗整体翻译质量。广东省开设翻译专业的高校可以充分利用自身教育资源优势，成立非遗翻译专业或方向，并开设"民俗翻译""古籍翻译""中医药翻译"等必修或选修课程，以培养学生的非遗翻译技能和意识，为更多优秀专业的翻译人才从事非遗外宣翻译事业提供基础和桥梁。与此同时，在开设翻译专业硕士点的高校，可探讨增设"优秀传统文化翻译"课程，设置非遗翻译内容，为培养非遗翻译技能和人才铺设道路。相关专业的研究生不仅需要参加地方非遗翻译实践，还要培养非遗外宣意识。

4. 推进非遗融入课程思政建设

中华优秀文化融入专业课或素质课已经成为课程思政的一种重要方式和途径。专业课教师可以根据课程性质和相关知识点，有意识地将岭南文

化或地方特色非遗融入课程，使地方非遗文化成为重要的思政元素，以实现地方非遗文化对学生的教育影响。将广东非遗文化融入专业课程，不仅为课程思政教育增加了途径和方式，还能够传承、弘扬岭南地方优秀传统文化，助推非遗文化的宣传效果。与此同时，一些开设翻译或传统文化课程的高校，可以将非遗外宣翻译"作为一门专业或选修课程引入高校的翻译人才培养过程中"（刘炳淑，2017）；同时，高校还可以将非遗翻译作为翻译专业学生实践教学的主题内容之一，在实践教学过程中，将非遗翻译实践作为评分标准之一，既可以锻炼翻译技能，还可以培养学生对优秀传统文化的意识，增强文化自信。只有从人才培养的角度加强非遗外宣翻译工作的开展，才能真正从长远发展角度满足广东非遗外宣翻译的发展需求。

（三）先进技术和网络平台应用层面

1. 搭建广东汉英双语非遗网络平台

"互联网+"正逐步影响着我们生活的方方面面。广东省非遗外宣翻译工作可以基于文化官网，充分利用互联网平台建设英汉双语非遗网站和双语文本简介。此外，还可以通过有奖征集非遗译文、有奖竞猜非遗译文等活动，对一些没有英译的非遗进行翻译补充，提高非遗翻译参与热情，促进非遗外宣翻译工作的开展。汉英非遗网络平台的建设能够促进非遗翻译工作的开展和提升质量，提高非遗的知名度，对非遗外宣翻译的推广起着重要助推作用。

2. 利用高科技构建非遗 5G 智慧博物馆

高科技的逐步发展为非遗文化走出国门带来了新的契机。湖北省已于 2019 年 5 月 17 日建立全国首家 5G 智慧博物馆（王爱支，2017）。广东省非遗主管部门可以借助 5G 技术建立广东智慧博物馆，以英、法、韩、日等多种语言的形式，通过数字媒体向海外游客展示非遗，让他们在身临其境中感受广东省历史文化的魅力，同时领略 5G 技术给广东非遗带来的不同风采。与此同时，充分利用 3D 打印技术、AR 技术等多种高科技手段，让海外游客在互联网虚拟世界中体验和感受非遗文化，并运用大数据对其兴趣度和满意度进行测试。借助相关数据，不仅可以改善非遗翻译工作的质量，还能提高人们对非遗文化的兴趣和认知水平，促进广东非遗外宣工作的开展。

3. 借助网络直播间接推进广东非遗外宣

国际电商经济的不断发展为非遗外宣带来了新的机遇。黑龙江省文化和旅游厅于 2020 年 6 月 13 日采用了"政府引领 + 名人助力 + 粉丝消费"的模式，举办了首届"非物质文化遗产购物节"（田雨霏、崔姗，2021）。与此同时，广东省也于同一天召开了首届"非遗购物节"。广东省主办方整合了各大电商平台资源，大力打造了"美好生活非遗馆"和"非遗美食馆"两个线上购物馆，举办了"非遗购物节好店推荐专场"和"非遗精品拍卖专场"两个线上宣传推销活动，并开设了一个现场带货总直播间。这是广东省首次通过电商平台集中展示非遗传承人的店铺，也是广东非遗保护工作的一项有益的创新尝试，开创了非遗营销的新模式。广东省相关部门成功举办的第一届"非遗购物节"为非遗提供了"新"的传播路径和盈利渠道。如果想让广东非遗在海外产生更深远的影响，并获得国际买家的认可和青睐，就需要与诸如海外购、快手、抖音平台等大型国际购物平台进行互利合作，聘用专业的非遗译员，对直播人员进行语言培训，或者在直播过程中提供英文翻译，并为相关产品提供外语简介。非遗海外网络直播新模式不仅可以助力当地经济发展，改善民生，还可以高效地促进非遗在海外民间的传播，使非遗走向国际，一举多得。

五、调研意义

党的十九大报告明确指出，中华民族伟大复兴的基础是文化自信和文化繁荣。中国文化的国际化已成为国家大力弘扬民族传统文化的重要战略，而外宣翻译则是我们走出国门的重要桥梁。当前，我国正面临经济全球化和文化多元化的机遇和挑战，因此我们必须在以经济建设为中心的同时，注重文化建设，以增强民族的自豪感和认同感。在新时代背景下，非遗文化的外宣翻译已成为实施"优秀传统文化走出去"战略的重要途径。通过各种方式和手段推进非遗文化的外宣工作，可以助力地方经济的发展、增加收入，有效改善民生，并增加就业机会。广东地方非遗文化的外宣也是对外展示广东文化强省形象的主要中介桥梁。通过外宣翻译将广东丰富的非遗资源宣传到全世界，不但能提高广东省文化软实力的国际影响力，还能进一步促进我国"中华优秀传统文化走出去"伟大战略的实施。

第十二章　非遗双语术语库应用与实践

术语研究的重要性在于它对学科研究和文化传承的促进作用。而术语的应用直接决定了这种促进的效果。本章将聚焦于术语应用的场景和需求，以及实践中所取得的成果。我们将通过多个案例来展示术语研究在非遗保护、文化传承、社会发展等方面的实际应用。同时，我们也将对这些应用进行评估和反思，以期更好地理解术语研究的实际意义和发展方向。

一、非遗双语术语库在翻译教学中的应用

（一）基于平行语料库的教学应用现状

语料库已被广泛应用于信息查询、语言教学、词典编纂、翻译研究等众多领域，涉及语言的词汇、语法、篇章和文化等不同层面的研究。平行语料库作为语料库的一种，是指"由原文文本及其平行对应的译语文本构成的双语语料库（王克非，2004）"。双语平行语料库的建设为语言研究、

翻译研究、外语教学、词典编纂和跨语言信息检索等提供了最佳平台。课题组以"平行语料库"和"教学应用"为主题在中国知网进行检索，共得到 88 条结果；以"基于平行语料库的翻译教学"为主题进行检索，则得到 195 条结果。除了少数基于平行语料库的日语、韩国语、俄语等语种的翻译教学研究以外，大多数都是关于大学英语、商务英语的教学应用研究，还有部分涉及旅游英语、服装和医学等领域的翻译教学。此外，自建专门用途的平行语料库用于开展翻译研究也在逐渐兴起，笔者以"基于自建平行语料库的翻译教学"为主题进行检索，共得到 44 条结果；经过人工筛选，确定适合以自建平行语料库进行翻译教学研究的文献有 8 篇。根据语料库的用途，这 8 项研究可以归纳为以下两个方面。

（1）通用性的双语平行语料库或文学翻译语料库：向士旭通过自建平行语料库进行翻译教学与翻译能力提高的研究；王艳利用自建平行语料库，研究商务英语专业本科翻译教学模式；姬岳江通过自建《论语》汉英平行语料库，开展翻译教学实践研究。

（2）专门用途语料库：陈悦自建电影字幕平行语料库进行翻译教学的研究；陈连贵与曾国秀自建汉英政治平行语料库，用于政府公文的翻译教学研究；肖雨自建英汉联合国维和平行语料库，以实证研究提高军事翻译质量；张黎黎与黄永新自建导游词平行语料库，用于导游词翻译教学研究；陶源自建语料库，用于"新闻翻译"的教学研究。

（二）非遗语料在翻译教学中的使用方式

作为新兴的教学研究领域，基于语料库的翻译教学研究正日益受到学界的关注。可以说，平行语料库与翻译教学的结合是翻译教学领域的一次巨大革新（魏春丹、许蔚，2017）。尽管基于平行语料库的翻译教学研究已经取得了一定的成果，但王克非认为其中的核心问题"在于如何有效地将平行语料库应用于围绕翻译教学的基本任务"（王克非，2004）。为了使平行语料库更好地服务于翻译教学我们制订了以下研究计划。

（1）建立规模适当的非遗平行语料库，以满足翻译教学的需求，该语料库专注于翻译教学，而不用于语言研究或其他目的。

（2）开设国家级非遗翻译选修课，并探索一种以学习者为中心、基于非遗平行语料库的翻译教学模式。

（三）非遗语料在课堂教学中的运用

1. 教学设计思路

对翻译学习者而言，"翻译学习过程就是通过学习学会制作翻译产品"（王克非、秦洪武，2015）。那么，这些制作产品的知识从何而来？由于传统的翻译教学主要采用讲授—练习—讲评的模式，注重翻译知识和技能的传授，在这种教学模式中教师起主导作用，课堂主要以教材为主，内容陈旧，教材中的翻译例句数量有限、零散孤立、缺乏语境支持。课堂容量小，节奏较慢，学习者参与度较低，翻译质量几乎完全依赖于教师或学生的主观判断。

真正的翻译学习过程实质上是培养翻译学习者，使他们通过学习成为翻译工作者的过程。因此，有效的翻译教学应该通过翻译实践和评估来让学生进行实际操作，探索、发现和积累翻译知识，练习翻译技巧，以获取足够的翻译经验。

建构主义学习理论强调学习者的主动性，认为学习是基于学习者原有的知识经验生成意义、建构理解的过程。其核心思想在于，"教师应以学生为中心，强调学生对知识的主动探索、主动发现和对所学知识意义的主动建构"（王艳，2017）。

此外，非遗的翻译存在一些难点，诸如民族特色鲜明的术语翻译、文化专有项的翻译，以及汉语意合转换为英语形合的翻译。尤其是在非遗翻译中，存在等效翻译的应用、文化培土、文化过滤、文化移植/嫁接等现象。在翻译实践中，由于一个汉语词汇在英语中往往有多个对应的译语及义项，学生经常无法区分词义的细微差别，未认真学习词汇的准确用法，仅根据汉英词典提供的选择，忽略了原文语境，随意地选择一个译词进行拼凑，导致译文不确切、不通顺的问题。

非遗平行语料库可以为解决上述问题提供一种有效方式。因此，本研究拟构建基于非遗平行语料库的翻译教学模式，将教师从主导者转变为引导者和促进者，为学生创造发现式学习环境，引导学生充分发挥主动性和自主学习能力。在实际教学之前，要求学生使用传统的翻译方法独立完成翻译任务，然后在课堂上指导学生利用非遗平行语料库检索软件，找出典型、真实、丰富的相关例子，然后进行观察、分析和思考，通过师生和生生之间的互动，从文化专项术语和句子两个层面进行对比，评估原文、学生自己的译文以及语料库中的相关译文的翻译质量。教师可以指导学生使用检索软件对译例进行相关数据统计，从词长、词频、类型符比、词汇密度、句长、特定句型的使用频率等方面对译文的质量、风格等进行更加全面、客观的评判。

2. 教学内容安排

经过翻译概论、英汉笔译、汉英笔译、翻译技术与实践，以及英语翻译等课程的学习，学生会进行自上而下的语言层次结构学习。他们将从单词的翻译扩展到词组、句子，再到篇章的翻译。从对翻译的普遍认知，即翻译的基本概念和原理，到翻译方法和技巧的学习和实践，然后到各种文体的翻译方法的学习和实践。

本研究将开设国家级非遗翻译的选修课，并创建非遗平行语料库，按照国家级非遗代表性项目名录的非遗十大门类，即民间文学、传统音乐，传统舞蹈,传统戏剧,曲艺,传统体育、游艺与杂技,传统美术,传统技艺,传统医药,民俗创建子库。然后根据这十个子库设置非遗翻译课程的十个章节。

3. 课堂教学原则

在本研究中,基于非遗语料库的翻译教学将严格遵循秦洪武和王克非提出的三个"先于"的原则,即"观察先于归纳,呈现先于讲解,学生自导先于教师指导"(秦洪武、王克非,2007)。所谓"观察先于归纳",指的是在引导学生对有关翻译现象、规律和翻译技巧的使用进行总结归纳之前,应充分引导学生观察语料、分析语料,然后通过讨论做出归纳总结。所谓"呈现先于讲解",指的是教师在对有关翻译现象、规律和翻译技巧的使用进行讲解和说明之前,应先呈现教学语料,然后适时、适当、适度地引导学生进行思考和探索翻译现象、规律和使用翻译技巧。所谓"学生自导先于教师指导",指的是课堂教学以学生为中心,引导学生根据计算机生成的非遗平行语料库索引结果,主动观察、分析和归纳示例译文的语言模式规律,进行探索式的学习。教师的指导和讲解只是辅助性的,教师作为引导者和促进者,营造发现式学习环境,引导学生充分发挥主动性和自主学习能力。

这三个课堂教学原则集中体现了建构主义学习理论中自主学习的教学理念,奠定了本研究"以学习者为中心翻译建构教学模式"的基石。在这种教学模式下,学习者不再是被动接受知识的对象,而是具备分析、归纳和认知能力的积极主动的行为主体;在教师的有效引导下,他们充分发挥积极性、主动性和认知能力,通过对大量语言和翻译事实的观察和分析,构建翻译知识和翻译能力。

4. 教学实施过程

（1）准备阶段

在翻译教学前，本研究通过线上和线下相结合的方式，先进行一项翻译教学实验。具体而言，本研究使用雪人CAT软件建立非遗平行语料库，并在课堂教学中，通过线上和线下相结合的方式进行实验。为了控制变量，根据上一学期翻译技术与实践课程的考试成绩，将学生平均分为实验组和对照组，并随机抽取2篇学生尚未翻译过的非遗类文章作为翻译材料，设立翻译项目，安排实验组学生使用雪人CAT软件进行翻译，控制组学生运用传统翻译方式进行翻译。实验结束后，通过问卷调查收集数据，从完成时间和质量两个维度比较和分析实验结果，然后通过访谈法了解实验组学生的接受程度和翻译问题的挖掘程度。最后公布实验结果和访谈结果。

（2）实施阶段

在开学的第一节课上，公布实验结果和访谈结果，引导学生理解学习和使用雪人CAT软件的必要性和优势，从而提升学生后续学习的动力，提高学生的课堂参与度，最大化学习效果。

非遗翻译是一种跨文化的书面交际活动。它不仅仅是语言转换的过程，更是文化传递、交流和融合的过程。非遗翻译无疑是一项具有鲜明文化特色的工作，诸如民族特色鲜明的术语翻译、文化专有项的翻译，以及汉语意合到英语形合的转换。非遗翻译对于学习者而言存在一定的难度。教师在介绍有关概念和语料库使用方法后，每个章节的学习都采用教学模块1+教学模块2的形式展开。

教学模块1：课堂探究式学习。

教师展示一个相对简单且中文原文较短的翻译任务，由于课堂时间的限制，学生需要检索和观察自建平行语料库，总结不同语境中的词汇用法特点；对比英汉句子结构，总结汉译英句子结构的翻译技巧；观察和总结中英文句子之间的逻辑关系，归纳中译英中句子拆分和句子合并的翻译技巧。然后，学生需要搜索语料库，参考更多相似语境的例证，完成翻译实践任务，并展示和讲评学生的译文。

教学模块 2：课外任务式学习。

采用"工作坊"式的教学形式，在经过课堂探索学习后，学生掌握的非遗某一子库的基本翻译技巧的基础上，提高任务难度，布置中文原文更长、专业术语更多、句子结构更加复杂的翻译任务。学生通过小组协作学习，利用语料库和其他辅助翻译软件，以项目的形式完成有关非遗翻译任务。

（3）教学案例展示

教学模块 1：课堂探究式学习。

与传统翻译课堂的教学模式不同，教师并未要求学生一开始就进行翻译尝试，然后评讲学生例句，帮助学生解决句子中的语法错误和一些中式英语的表达问题，再和学生一起对照学生翻译示例和参考答案，品评翻译的选词和造句的优劣，从而提升学生的翻译能力，而是基于非遗语料库展开新的教学尝试，上课之前，教师将学生分成四五人一个小组进行小组学习，然后教师向学生展示翻译任务。

例 1：中国是丝绸的故乡，因而有很多与丝绸相关的艺术，刺绣就是其中的一种。刺绣是中国民间传统手工艺之一，至少有两三千年的历史。从事刺绣的多为女子，因此刺绣又被称为"女红"。刺绣在中国受到了人们广泛的喜爱。刺绣可用来装饰衣物，如在衣服、被子、枕套等物品上绣上美丽的图案，也可制作成特别的饰品。中国有四大名绣：苏州的苏绣、广东的粤绣、湖南的湘绣以及四川的蜀绣。各种绣法不仅风格有差异，主题也各有不同。在这其中，苏州的苏绣最负盛名。

例 2：醒狮是融武术、舞蹈、音乐等为一体的文化活动。表演时，锣鼓擂响，舞狮人先打一阵南拳，这称为"开桩"，然后由两人扮演一头狮子耍舞,另一人头戴笑面"大头佛",手执大葵扇引狮登场。舞狮人动作多以南拳马步为主,狮子动作有"睁眼""洗须""舔身""抖毛"等。主要套路有"采青""高台饮水""狮子吐球""踩梅花桩"等。其中"采青"是醒狮的精髓,有起、承、转、合等过程,具戏剧性和故事性。"采青"历经变化,派生出多种套路,广泛流传。

要求学生认真诵读原文,在考察了相关语料库后,讨论以下问题,从微观的字词层面,重点研究术语、文化专项词汇、四字词(包括成语)和叠词,然后上升至句子层面,对中英文的句子结构和句子翻译特点有深刻的理解后,再着手进行翻译。

讨论的问题:

(1)你认为哪些词汇比较难译或者没把握?每位组员在罗列出难译的普通词汇和非遗词汇,包括非遗专业术语、文化专项词汇、四字词和叠词后,在普通英汉语料库和非遗语料库的同类型题材的翻译中进行检索,比对语料库中该词的语境,归纳出这些词语的用法特点。

(2)观察同类型题材的非遗语料库,总结中英句子结构的特点,包括英文复合句和并列句的使用频率,连接词的使用情况以及句子与句子之间的逻辑关系,包括因果关系、递进关系和转折关系等。研究中文无主语句子的英译处理,英译时主动结构和被动结构之间的转换,以及中译英时句子的拆分和合并情况。

在规定时间内,待学生完成了考查任务后,教师要求他们展开小组讨论,并与其他小组进行课堂分享交流。

例1:中国是丝绸的故乡,因而有很多与丝绸相关的艺术,刺绣就是其中的一种。刺绣是中国民间传统手工艺之一,至少有两三千年的历史。从事刺绣的多为女子,因此刺绣又被称为"女红"。刺绣在中国受到了人们广泛的喜爱。刺绣可用来装饰衣物,如在衣服、被子、枕套等物品上绣

第十二章 非遗双语术语库应用与实践

上美丽的图案，也可制作成特别的饰品。中国有四大名绣：苏州的苏绣、广东的粤绣、湖南的湘绣以及四川的蜀绣。各种绣法不仅风格有差异，主题也各有不同。在这其中，苏州的苏绣最负盛名。

在解决第一个问题时，针对例1，学生罗列了相关的难点词汇，包括专有名词，如"刺绣""民间传统手工艺""女红""四大名绣""苏州的苏绣""广东的粤绣""湖南的湘绣""四川的蜀绣"；短语，如"与……相关的""在中国受到了人们广泛的喜爱"；四字词"最负盛名"。然后学生通过检索普通英汉语料库和非遗语料库，确定了专有名词的译文"刺绣（embroidery）""民间传统手工艺（traditional folk arts and crafts）""女红（women's needlework）""四大名绣（four most famous types of embroidery）""Su embroidery from Suzhou""Yue embroidery from Guangdong""Xiang embroidery from Hunan""Shu embroidery from Sichuan"；针对短语"与……相关的"，学生根据之前翻译课的积累，列出了"be related to""relevant"，然后检索语料库得到以下例子。

（1）高平绣活是流行于山西高平一带的民间刺绣艺术，根据相关留存遗物考证，其历史可以追溯到明代中期。

Gaoping embroidery is a popular folk embroidery art in the area of Gaoping, Shanxi Province. According to the textual research of relevant preserved relics, its history can be traced back to the mid-Ming Dynasty.

（2）哈萨克毡绣和布绣分别在毡子和布料上施绣，所绣内容与草原生活密切相关。

Kazakh felt embroidery and cloth embroidery are embroidered on felt and fabric respectively. The embroidery content is closely related to grassland life.

（3）受现代医药的冲击，七十味珍珠丸的炮制方法及相关临床实践经验均面临不同程度的衰落，亟待抢救保护。

Under the impact of modern medicine, the processing methods of Qishiwei Pearl Pills and related clinical practice experience are facing different degrees of decline and urgently need rescue and protection.

（4）在这些活动中产生了一些相关的器具、制品及食品，其中以龙舟、粽子、五毒图、艾草菖蒲、钟馗画、张天师画、屈原像等最为常见。

Some related utensils, products and food were produced in these activities, among which dragon boats, rice dumplings, pictures of five poisons, wormwood and calamus, paintings of Zhong Kui, paintings of Zhang Tianshi, and images of Qu Yuan are the most common.

（5）中秋博饼习俗源于福建厦门，盛行于漳州的龙海、泉州的安海和金门县等地，清代康熙、乾隆时期的《台湾府志》曾有过相关记载。

The custom of making cakes during the Mid-Autumn Festival originated in Xiamen, Fujian, and was prevalent in Longhai in Zhangzhou, Anhai in Quanzhou, and Kinmen County. The *Taiwan House Records* during the Kangxi and Qianlong period had related records.

（6）祭典公拜和民拜两种形式并存，公拜是官方对黄帝的祭拜，相关记载最早见于《左传》，由周至清，历代延续不绝。

The two forms of ceremonial public worship and people's worship coexist. Public worship is the official worship to the Yellow Emperor. The relevant records were first seen in *Zuo Zhuan*, which continued from Zhou to Qing Dynasty.

根据检索结果，发现在翻译"与……相关"时，be related to 的使用频率明显高过 relevant 的使用频率；再观察 relate 的使用语境，翻译文本的中文和检索结果中的句子 2、句子 9 和句子 10 是相似度最高的，所以将原文的"有很多与丝绸相关的艺术"翻译成"having a variety of arts related to silk"。

第十二章　非遗双语术语库应用与实践

然后针对短语"在中国受到了人们广泛的喜爱",学生根据之前翻译课的积累,列出了"be popular in""be loved by""be adored by",然后检索语料库得到以下例子。

(1)铁观音是中国最受欢迎的茶之一。

Tieguanyin is one of the most prevalent types of tea in China.

(2)龙井在中国深受大众的欢迎。

Longjing gains popularity among the public in China.

(3)普洱茶深受中国人喜爱。

Pu'er tea is loved by Chinese people.

(4)博饼的游戏规则简单公平,既充满竞争悬念,又富于生活情趣,历来为广大民众所喜爱。

Bobing's game rules are simple and fair, full of competition and suspense, and full of life interest, and it has always been loved by the general public.

(5)高脚狮以其小巧玲珑、活泼有趣而惹人喜爱,在一些外国人士中还有"中国高脚波斯猫"的谐称。

The High-Legged Lion Dance is loved by the audience because they are cute and lively. They are also fondly called Chinese High-Legged Persian Cat among some foreigners.

(6)锦州满族民间刺绣题材广泛,风格多样,情趣盎然,寓意深刻,深受当地广大民众的喜爱。

Jinzhou Manchu folk embroidery has a wide range of themes, diverse styles, full of interest and profound meaning, and is deeply loved by the local people.

(7)流传在新疆木垒哈萨克自治县的维吾尔族塔合麦西热甫是木垒山区维吾尔族牧民最喜爱的一种集歌唱、舞蹈、音乐于一体的大型综合艺术形式，它既带有吐鲁番市麦西热甫的原始基因，又显示出北疆山区草原文化的特色。

The Uyghur Tahe Mai Xirefu spread in the Mulei Kazak Autonomous County of Xinjiang is a large-scale comprehensive art form that integrates singing, dancing and music most favored by the Uyghur herdsmen in the Mulei Mountains. The original genes of Mai Xirefu also show the characteristics of the grassland culture in the mountainous areas of northern Xinjiang.

（8）相传这一技艺系在明代永乐年间由山西移民带入当地，早先被冀南一带的豪门望族用于灵棚搭建，其后经大隐豹村人创造性地加以运用，形成了深受人们喜爱的彩扎艺术。

It was first used by the wealthy and distinguished families in southern Hebei for the construction of spiritual sheds. Later, it was creatively used by the people of Dayinbao Village to form a color that is deeply loved by people.

根据检索结果，"在……受到了人们广泛的喜爱"可以被相应地译为"the most prevalent, gains popularity among, is（deeply）loved by, most favored by, are very popular among"等短语，其中"is（deeply）loved by"在上述统计中出现的频率为60%，因此原文中的短语"在中国受到了人们广泛的喜爱"可以翻译为"has been much-loved by the Chinese people"。

例2：醒狮是融武术、舞蹈、音乐等为一体的文化活动。表演时，锣鼓擂响，舞狮人先打一阵南拳，这称为"开桩"，然后由两人扮演一头狮子耍舞，另一人头戴笑面"大头佛"，手执大葵扇引狮登场。舞狮人动作多以南拳马步为主，狮子动作有"睁眼""洗须""舔身""抖毛"等。主要套路有"采青""高台饮水""狮子吐球""踩梅花桩"等。其中"采青"是醒狮的精髓，有起、承、转、合等过程，具戏剧性和故事性。"采青"历经变化，派生出多种套路，广泛流传。

第十二章 非遗双语术语库应用与实践

在解决第一个问题时，针对例2，学生罗列了相关的难点词汇，包括代表文化专项的术语，如"醒狮""开桩""笑面大头佛""大葵扇""高台饮水""采青""踩梅花桩"；四字词语"起、承、转、合"。通过讨论，有的学生认为采用音译翻译术语较为合适，诸如baozi、jiaozi等，所以将"醒狮"翻译为"Xingshi"，"开桩"翻译为"Kaizhuang"；有些学生则认为采用直译术语，即逐字进行翻译，所以将"醒狮"翻译为"Waking Lion"，"开桩"翻译为"opening the pile"，所以教师要求学生在讨论后，检索语料库进行验证，通过检索语料库得到以下例子。

专业术语1"醒狮"：

（1）随着社会经济的发展和人们价值观的变化，现即使在中坑村，喜爱舞狮的人也日渐减少，东莞醒狮的传承已面临后继乏人的危机。

With social and economic development, and with the shifting of people's values, today even in Zhongkeng Village, lion dance enthusiasts are diminishing. Dongguan Waking Lion Dance is already troubled with a lack of transmitters.（"醒狮"译为"Waking Lion Dance"）

（2）冯庚长吸收少林武术、南派武术和佛山醒狮的技艺特点，创立了鹤山派醒狮，且个人狮艺异常精湛，曾有"广东狮王"的赞誉。

Feng borrowed the techniques and artistic features from Shaolin martial arts and South China martial arts, together with Foshan Lion Dance, and created the Heshan style lion art. He himself was a master of lion dance, and used to be called "King of the Lion Dance in Guangdong Province".（"醒狮"译为"Lion Dance"）

（3）东莞醒狮始源于明代，属广东醒狮之一。

Dongguan Waking Lion Dance originated from the Ming Dynasty.（"醒狮"译为"Waking Lion Dance"）

（4）福永醒狮是当地民间信仰的重要体现，对研究福永地区的民风民俗具有重要的参考价值。

Ever-Happiness Waking Lion Dance is an important symbol of the local belief, and has great value in studying the local culture and costumes.（"醒狮"译为"Waking Lion Dance"）

根据检索结果，"醒狮"可以译为"Lion Dance"或者"Waking Lion Dance"，在9个关于醒狮的译文中，将近67%的译文采用了"Waking Lion Dance"，而且根据检索结果的例句10，可以看出狮子舞分成很多种类，"席狮舞"也是其中一种，所以相较于译文"Lion Dance"而言，译文"Waking Lion Dance"更加准确。

专业术语2"笑面大头佛"：

（1）动作刻意模仿真狮，走、跑、跳、滚及抖毛、洗须、舔身等，均显得生动逼真；有出洞、下山、过桥、饮水、采青、醉睡、醉醒、上山、玩球、大头佛戏狮等多个舞段。

Its moves intentionally, mimicking real lions, walk, sprint, jump, rolling over, body shaking, and mustache cleaning, with vivid effects. There are many dancing routines, such as coming out of the lair, running down the mountain, crossing a bridge, watering itself, picking up the green, drunk and sleeping, drunk and wakening up, climbing the mountain, playing a ball, and being teased by a giant headed Buddha.（"大头佛"译为"a giant headed Buddha"）

（2）在狮子"出洞""舞四门""登楼台""大头佛采灵芝"等每个套路中，都十分注重细节的刻画，如狮子"出洞"时，就有洗脸、洗须、挖眼屎、洗脚、洗嘴角等细腻有趣的动作表演。

In each of the four dancing routines such as "coming out of the lair" "four gate dance""stepping onto the terrace"and"big-headed Buddha picking up Lingzhi", great efforts are made to portray the details. For example, when the lion is coming out of the lair, there are detailed and amusing movement portraits of it washing his face, washing his mustache, cleaning his eyes, washing his feet, washing the corner of his mouth, etc.（"大头佛"译为"big-headed Buddha"）

（3）早在唐代文宗太和年间（约832年），佛教即传入古梅州地区，后被称为"香花"佛教，僧尼的佛事活动就称为香花佛事。

As early as the years of Taihe（approximately 832 A.D.）during the Reign of Emperor Wenzong in the Tang Dynasty, Buddhism has been introduced into the old Meizhou area. It was later called "Fragrant Flower" Buddhism, and the ceremonies hosted by monks and nuns were called fragrant Buddhist ceremonies.（"佛教"译为"Buddhism"；"佛事"译为"Buddhist ceremonies"）

检索语料库时，发现并没有关于"笑面大头佛"的翻译语料，因此检索相关词汇，结果显示"大头佛"译为"a giant headed Buddha"或者"big-headed Buddha"；"佛事"译为"Buddhist ceremonies"；"佛教"译为"Buddhism"；"佛家"译为"Buddhist"。因此结合以上检索结果，将"笑面大头佛"译为"a smiling big-headed Buddha"。

专业术语3"大葵扇"：

（1）新会葵树种植面积最多时达到6万亩，年产葵扇最多可达1.5亿柄，产品远销欧美及东南亚各国。

The planting area of sunflower trees in Xinhui reaches 60 000 mu at most, and the annual output of sunflower fans can reach up to 150 million handles. The products are exported to Europe, America and Southeast Asia.（"葵扇"译为"sunflower fan"）

（2）20世纪三四十年代，新会葵艺遭受毁灭性的打击，驰名远近的竹篷葵艺失传，整个葵艺行业一落千丈，只有赵氏家族仍尽力维持着火画葵扇技艺的传承。

In the 1930s and 1940s, Xinhui Sunflower Art suffered a devastating blow. The well-known bamboo canopy sunflower art was lost, and the entire sunflower art industry plummeted. Only the Zhao family still tried their best to maintain the inheritance of the fire painting sunflower fan art.（"葵扇"译为"sunflower fan"）

（3）进入20世纪90年代以后，在空调等现代家电的冲击下，葵扇逐渐退出了人们的日常生活，新会葵艺随之而日渐式微，相关企业陆续倒闭，许多葵艺传人被迫转行。

After entering the 1990s, under the impact of modern home appliances such as air conditioners, Kwai Fan gradually withdrawn from people's daily life, and Xinhui Kwai Art gradually declined.（"葵扇"译为"Kwai Fan"）

（4）据《明史》记载，新会葵扇当时已成为贡品，可见工艺十分精湛。

According to the *History of the Ming Dynasty*, fans made with fan palm tree were already articles of tribute to the imperial court, which proved its excellence in craftsmanship.（"葵扇"译为"fans made with fan palm tree"）

（5）新会葵艺以本地特产的蒲葵为原料，其叶面滑而心蒂正，骨格细匀，质地柔韧，尤为制作葵扇的上乘材料，被喻为玻璃葵。

Xinhui Palm Leaf Craft uses locally made fan palm trees as its raw material. Its natural shape and structure make it perfect material for making fans, and is called "glass fan palm".（"葵扇"译为"fans"）

教学模块2："翻译工作坊"。

在完成了教学模块1后，经过课堂教学的探索式学习，学生掌握了非遗某一子库的基本翻译技巧的基础上，教学模块 2 采用课外任务式学习，以"工作坊"式的教学形式，选取同期教学模块 1 同一子库的翻译素材，提高任务难度，布置中文原文更长、专业术语更多、句子结构更加复杂的翻译任务，要求学生通过小组协作学习，利用语料库等辅助翻译软件，以项目的形式完成有关非遗翻译任务。

例 1：汉绣是流行于湖北荆沙、武汉、洪湖一带的传统刺绣艺术，据史书记载，它始于汉，兴于唐而盛于清。作为古楚之地的武汉地区为汉绣的发展提供了特殊的地理环境和文化土壤，石首市绣林镇、洪湖市峰口镇一带的绣花堤和汉口的绣花街等皆因刺绣集中而得名。汉绣以楚绣为基础，融汇南北绣法之长，逐渐形成以铺、压、织、锁、扣、盘、套为主要针法，平金夹绣为主要表现形式的刺绣艺术体系。汉绣强调"花无正果，热闹为先"，一般从外围起绣，逐层向内走针，直到铺满绣面为止。根据绣品不同的质地和花纹，刺绣时需灵活运用各种针法，做到下针果断，讲究图案边缘的齐整即"齐针"，讲究分层破色的层次感和立体感。汉绣构思大胆，色彩浓艳，画面丰满，装饰性强，处处流露出楚风遗韵，在中国刺绣园地里自成一格，大放异彩。

教学实践证明，当学生从传统翻译教学的被动角色转变为主动角色时，他们在完成翻译任务、参与课堂讨论和观察研究学习方面的积极性大大提高，且通过问题导向的探究式学习和任务式学习，学生提出了许多具有原创性的独立见解，甚至带来了新颖的想法，真正实现了最大化的课堂教学效果，也促进了教学相长。

（四）教学评价

在学生完成了一些英语专业的先选课的基础上，本研究开设了国家级非遗翻译的选修课，创建非遗平行语料库，按照国家级非遗代表性项目名录的非遗十大门类，即民间文学，传统音乐，传统舞蹈，传统戏剧，曲艺，传统，体育、游艺与杂技，传统美术，传统技艺，传统医药，民俗创建子库。然后根据十个子库设置非遗翻译课程的十个章节。

由于该课程是实操性课程，所以将其设置为考查课，通过形成性评价和终结性评价结合的方式进行教学评价。根据非遗的十大门类，教师将教学分为 10 个单元，每个单元的教学都有教学模块 1 和教学模块 2，在每一个教学模块 1，要求学生以小组的形式通过学习、观察、讨论，集体完成翻译任务；在每一个教学模块 2，要求学生以小组协作学习的形式，完成翻译任务；然后在完成一个章节的学习后，每个学生以小组为单位将其教学模块 1 和教学模块 2 的翻译完成过程、翻译难点和翻译启示进行总结和归纳，整理成 PPT 演示文稿，在下一节课开始上课时，每个小组委派一名代表进行课堂展示，分享翻译经验和翻译心得；最后，要求学生在完成学期末的最后一篇"工作坊"的翻译任务后，每个人以个人为单位撰写一篇国家级非遗翻译课程报告，将本学期进行的非遗翻译进行最终的梳理和总结，形成系统认知。

其中形成性评价占比 50%，分为三个部分：课堂参与度（可以通过学生自评、小组评价以及教师评价，进行综合评分）、课堂展示（通过学生对本次小组任务中的自评、小组评价以及教师评价，进行综合评分）和教学模块 1 的小组翻译译文（通过小组自评、小组互评以及教师评价，进行综合评分）。终结性评价占比 50%，分为二个部分：教学模块 2 完成的"翻译坊"任务（通过小组自评、小组互评以及教师评价，进行综合评分）和课程报告。

二、术语应用的场景和需求

汉英非遗术语在文化遗产保护、研究传承、教育传播和国际交流等方面有着广泛的应用场景和需求。下面将分别介绍几个典型场景和相应的需求。

（一）文化遗产保护

文化遗产保护非常重要，因为它能够保护和传承历史、文化和民族的宝贵遗产。汉英非遗术语在文化遗产保护方面发挥了重要的作用，因为它能够准确表达非遗项目的特点、内涵和背景，从而帮助人们更好地了解、传承和保护非遗项目。例如，对于中国的黔剧而言，需要将"毛子""刀马"等非遗术语准确翻译成英文，以便国际社会更好地认识和理解这一中国传统戏曲形式。

对于中国的黔剧而言，非遗术语"毛子""刀马"是该剧的重要表演元素。在英文中，"毛子"可以翻译为"woollen robes"，"刀马"可以翻译为"swords and horses"。这些准确的汉英非遗术语有助于国际社会更好地了解和欣赏中国传统戏曲文化，同时也促进了中国对这一非遗项目的保护和传承。

对于中国的传统手工艺"刺绣"而言，汉英非遗术语需要准确表达其技艺特点、文化内涵和艺术价值。例如，"刺绣"可以被翻译为"embroidery"，但是这个词不能准确地传达中国刺绣的文化内涵和技艺特点。因此，"刺绣"的汉英非遗术语应该包括更多的信息，比如"Chinese embroidery"或者"traditional Chinese embroidery"等。

在国际交流和合作方面，汉英非遗术语对于非遗项目的跨国传承和交流起着重要的作用。例如，如果一项非遗项目需要在多个国家传承和交流，那么汉英非遗术语可以帮助不同国家的人们更好地了解该项目的独特性和价值。此外，在世界文化遗产的申报和认证工作中，标准化的汉英非遗术语也能够帮助国际社会更好地评估和认识非遗项目的价值和独特性。

在非遗保护方面，汉英非遗术语需要准确地表达非遗项目的独特性和传承价值。例如，对于中国的传统手工艺"刺绣"而言，汉英非遗术语需要准确表达其传统技艺特点、文化内涵和艺术价值。在这个过程中，汉英非遗术语可以通过不同的翻译方式和技术来确保准确性和标准化程度，从而提高非遗保护工作的质量和效率。

同时，在国际交流和合作方面，汉英非遗术语也起着非常重要的作用。例如，世界文化遗产的申报和认证工作需要使用标准化的汉英非遗术语，以便国际社会更好地了解和评估非遗项目的价值和独特性。此外，在非遗项目的跨国传承和交流方面，汉英非遗术语也能够帮助不同文化之间的交流和理解。

总之，汉英非遗术语在文化遗产保护方面起着非常重要的作用。通过准确、标准化的汉英非遗术语，我们可以更好地保护、传承和交流非遗项目，从而实现非遗保护的目标，保护和传承我们宝贵的历史、文化和民族遗产。

（二）研究传承

此外，汉英非遗术语在非遗传承方面也发挥着重要作用。非遗传承需要确保非遗项目在传承过程中的连续性和完整性，而非遗术语的准确性和标准化程度则可以为非遗传承提供有效的支持和帮助。例如，对于中国的传统民间工艺"剪纸"，需要将"窗花""贴花"等非遗术语准确翻译成英文，以便国际学者和研究人员更好地了解和研究这一中国传统民间工艺。

例如，在中国的传统音乐"古琴"传承中，古琴制作和演奏技艺有着独特的术语和用语。在传承过程中，准确翻译这些术语和用语对于确保古琴传承的连续性和完整性是至关重要的。通过汉英非遗术语的准确对照的建立，可以更好地传承和保护非遗项目，让其在国际社会中得到更广泛的传播和认可。

此外，在非遗传承中，还需要考虑到不同地区和文化背景下的非遗项目的差异性，因此需要根据不同的文化和语言背景建立相应的汉英非遗术语对照表，以便更好地进行非遗传承和研究。

举例来说，中国的非遗项目"崇明草编"是一种古老的传统手工编织工艺，已有数百年历史。该项目主要采用崇明特有的草材进行编织，具有独特的工艺技能和文化内涵，是中国文化遗产中不可或缺的一部分。在研究和传承崇明草编的过程中，汉英非遗术语的准确性和标准化程度尤为重要。

对于崇明草编中的非遗术语，如"削草""穿草""缠草"等，需要通过准确的翻译传达出其所代表的工艺步骤和技能要点。此外，在研究崇明草编的传承背景、文化内涵等方面，也需要采用准确的汉英非遗术语来表达。

例如，研究人员需要将"草编丝""筒子鞋"等汉语非遗术语准确地翻译成英文，以便国际学者和研究人员更好地了解和研究崇明草编。此外，还需要对翻译后的英文术语进行评估和验证，确保其准确性和标准化程度，从而更好地推动崇明草编的传承和发展。

总之，汉英非遗术语在非遗保护、研究和传承中扮演着重要角色，需要通过准确对照的建立和标准化管理来确保术语的准确性和标准化程度，从而更好地推动非遗事业的传承和发展。

（三）教育传播

汉英非遗术语在非遗教育传播方面也具有重要意义。在非遗教育传播过程中，术语的准确性和标准化程度对于提高非遗知名度和认知度是非常必要的。汉英非遗术语在非遗教育传播中扮演着重要的角色，其准确性和标准化程度对于提高非遗知名度和认知度至关重要。在非遗教育中，汉英非遗术语需要清晰地表达出非遗项目的文化内涵、传承背景和技艺特点等信息，以便国际学生更好地了解和学习中国传统文化。

例如，在中国的非遗教育中，需要将"传承人""承载人"等非遗术语准确翻译成英文。以传承人为例，其汉英翻译并不是单一的概念，英文中可使用"heir""successor""inheritor"等词汇表达。而承载人这一概念在英文中也需要根据不同的语境和具体含义来进行准确的翻译，如可使用"bearer""carrier""custodian"等词汇进行表达。

此外，在非遗教育中，汉英非遗术语还需要适应不同年龄、文化背景和学习目标的学生群体。例如，在向国际中小学生介绍中国的非遗项目时，需要使用简洁明了的语言和有趣的教学方式，以便学生更好地理解和记忆。同时，对于高中、大学等年龄较大的学生群体，可以采用更为专业和深入的非遗教育模式，提供更为详细和全面的汉英非遗术语解释和解读。

随着科技的不断进步和发展，非遗教育也不断创新和发展。汉英非遗术语在非遗教育中的应用也逐渐向数字化和在线教育方向发展。例如，采用汉英对照的方式进行在线教育课程设计，让学生可以更为便捷地学习和了解中国的非遗项目。

综上所述，汉英非遗术语在非遗教育传播中具有重要的应用价值。通过准确地表达非遗项目的文化内涵、传承背景和技艺特点等信息，可以更好地推广非遗知识，提高国际学生对中国传统文化的认知度和了解度。

（四）国际交流

非遗是国家文化的重要组成部分，是各国传统文化的重要体现。随着全球化进程的不断推进，非遗的国际交流越来越频繁，而汉英非遗术语作

第十二章 非遗双语术语库应用与实践

为非遗国际交流的重要工具之一,在促进国际非遗交流和合作中发挥着不可替代的作用。

首先,在国际交流过程中,汉英非遗术语可以促进各国文化的相互了解和认知。不同国家的非遗文化各具特色,但术语的表述可能存在差异。通过准确翻译汉英非遗术语,可以帮助各国更好地理解和认知彼此的非遗文化,促进不同文化之间的交流和融合。

例如,中国的"昆曲"和英国的"歌剧"虽然都属于戏曲表演形式,但由于文化背景和表现形式等方面的差异,两种表演形式的术语存在一定的差异。因此,在中英文化交流中,需要将"昆曲"等中国传统戏曲的术语准确地翻译成英文,以便英语使用者理解和学习。其次,汉英非遗术语还可以促进各国之间在非遗领域的交流和合作。非遗文化是各国文化的重要组成部分,通过对汉英非遗术语的准确翻译,各国在非遗领域的交流和合作会更加顺畅和高效。

再例如,在国际非遗文化交流中,中国的"太极拳"和美国的"瑜伽"都是非常受欢迎的健身运动,两种运动的术语表述存在差异,通过对汉英非遗术语的准确翻译,可以更好地促进中美两国在太极拳和瑜伽等领域的交流和合作。

此外,汉英非遗术语的准确性和标准化程度对于非遗文化的保护和传承也起着至关重要的作用。在非遗保护和传承过程中,汉英非遗术语需要准确地表达非遗项目的文化内涵、技艺特点、传承背景等信息,以便于更好地保护和传承非遗项目。

例如,黔剧作为贵州省的代表性非遗之一,其独具演唱艺术特色,包括吟唱、假声、独唱、对唱、念白等多种表演方式。黔剧中的许多非遗术语如"毛子""刀马"等,因其特殊的文化内涵和传承背景,需要在国际交流中进行精确的翻译,以确保黔剧的文化价值能够得到更广泛的认知和理解。

除此之外，汉英非遗术语在非遗研究传承方面也扮演着重要角色。非遗研究需要对非遗项目的文化内涵、技艺特点、传承背景等信息进行深入了解和研究，而术语的准确性和标准化程度对于非遗研究的深入和精准是至关重要的。例如，在中国的传统民间工艺"剪纸"中，需要将"窗花""贴花"等非遗术语准确翻译成英文，以便国际学者和研究人员更好地了解和研究这一中国传统民间工艺。

此外，汉英非遗术语在非遗教育传播方面也具有重要意义。在非遗教育传播过程中，术语的准确性和标准化程度对于提高非遗知名度和认知度是非常必要的。例如，在中国的非遗教育中，需要将"传承人""承载人"等非遗术语准确翻译成英文，以便国际学生更好地了解和学习中国传统文化。

总之，汉英非遗术语的规范化和标准化对于非遗在国际间的传播与交流有着非常重要的作用。在国际交流中，汉英非遗术语的准确翻译不仅有助于促进国际间非遗文化的相互了解与认知，而且对于非遗研究的传承和非遗教育的传播都起到推动作用。因此，加强汉英非遗术语的翻译研究与标准化工作，有助于进一步促进国际非遗交流与合作的发展。

（五）国际非遗保护

此外，在国际非遗保护和传承工作中，也需要准确地使用汉英非遗术语。例如，如果国际组织想要在非洲某国家开展传统音乐的保护工作，他们需要了解当地的术语，如"mbira"等，以便更好地与当地的传统音乐从业者沟通和合作。

另外，随着全球范围内文化产业的发展，汉英非遗术语也被广泛应用于文化创意产业。例如，在中国，一些非遗项目被运用到了文化创意产品中，如以苏绣为主题的手袋、以传统竹编为原型的笔筒等,这些产品的销售和推广需要使用准确的汉英非遗术语来进行宣传和描述。

总之,在国际交流、非遗保护传承和文化创意产业等方面,汉英非遗术语的准确使用是至关重要的,它可以促进不同国家和地区之间的文化交流和合作,保护和传承传统文化,同时也推动文化产业的发展。

三、术语应用的实践和成果

随着汉英非遗术语的发展和应用,越来越多的实践案例和成果也在不断涌现。以下将结合实际案例,详细介绍术语应用的实践和成果。

(一)非遗保护

非遗保护是保护和传承非遗的重要措施,而汉英非遗术语在非遗保护实践中的应用则显得至关重要。在非遗保护实践中,准确的术语可以更好地传递非遗项目的含义和价值,使非遗项目在国际上得到更好的认可和保护。例如,在中国传统的非遗保护实践中,汉英非遗术语"传承人""非遗代表性项目"等都被广泛应用。

例如,在2019年举行的联合国教科文组织第十四届非物质文化遗产代表作名录评审会上,中国的"摆手梅花"、日本的"和风饮食"、意大利的"莫雷拉面条"等非遗项目都在会议中进行了术语翻译和解释,这些术语的准确性和标准化程度,对于非遗保护和传承具有重要意义。具体而言,非遗保护实践中的术语翻译需要遵循严格的标准化规定。例如,在2019年的联合国教科文组织第十四届非物质文化遗产代表作名录评审会上,对于参评的非遗项目,汉英非遗术语的翻译需要符合联合国教科文组织制定的《非物质文化遗产代表作名录保护条例》中规定的标准。只有准确的翻译和标准化的应用才能够在国际上得到更广泛的认可和支持。

除了在国际间的非遗保护评审会上，汉英非遗术语在国内的非遗保护实践中也起着至关重要的作用。例如，在中国传统的非遗保护实践中，汉英非遗术语"传承人"被广泛应用。在中国，传承人是指从前辈非遗传承人那里学习和继承非遗技艺的人。这个术语在中国的非遗保护实践中被广泛运用，不仅可以准确地传达非遗项目的传承和发展过程，还能够在国际上加强非遗项目的知名度和认知度。

综上所述，汉英非遗术语在非遗保护实践中的应用至关重要。准确的术语翻译和标准化的应用不仅可以更好地传递非遗项目的含义和价值，还可以在国际上加强非遗项目的认知度和知名度，从而推动国际间的非遗交流和合作。

（二）非遗研究

在非遗研究方面，术语的准确性和标准化程度对于非遗研究的深入和精准是非常必要的。汉英非遗术语在非遗研究实践中的应用，不仅可以提高非遗项目的学术价值和研究成果，更能够推动国际间的非遗研究交流和合作。例如，在2018年举办的第三届中华民族传统手工艺大赛中，参赛选手的手工艺品需要提交英文介绍和术语翻译，这些术语的准确性和标准化程度，对于非遗研究和传承具有重要意义。非遗研究在推动非遗保护和传承中扮演着重要角色。汉英非遗术语在非遗研究实践中的应用不仅可以帮助研究人员更深入地了解非遗项目，还可以推动国际间的非遗研究交流和合作。

一个典型的例子是非遗项目的分类和归纳。由于不同的非遗项目具有不同的历史和文化背景，它们需要按照特定的标准和方法进行分类和归纳。在这个过程中，准确和标准化的汉英非遗术语是非常必要的。例如，中国的

"脸谱"是京剧表演中的重要元素，它需要被准确地翻译为英文，以便国际研究人员能够更好地理解它的历史和文化背景。

另一个例子是非遗项目的比较和对比研究。研究人员需要将不同的非遗项目进行比较和对比，以便更好地理解它们之间的相似性和差异性。例如，中国的"太极拳"和日本的"合气道"都是传统的武术形式，它们之间的比较和对比需要使用准确和标准化的术语。

此外，汉英非遗术语在非遗研究交流和合作中也起着非常重要的作用。例如，国际非遗研究人员需要在国际会议上使用汉英非遗术语进行交流和合作，以便更好地理解不同国家和地区的非遗项目。这些汉英非遗术语不仅可以促进国际间的非遗研究交流，还可以促进非遗保护和传承的国际合作。

综上所述，汉英非遗术语在非遗研究实践中的应用非常重要。准确和标准化的汉英非遗术语不仅可以帮助研究人员更深入地了解非遗项目，还可以推动国际间的非遗研究交流和合作，为非遗保护和传承提供重要的支持。

（三）非遗教育传播

在非遗教育传播方面，术语的准确性和标准化程度对于提高非遗的知名度和认知度是非常必要的。汉英非遗术语在非遗教育传播实践中的应用，不仅可以提高国际学生对中国传统文化的了解和认知，还能够推动国际间的非遗教育交流和合作。例如，在2017年举办的"中国非遗传承人走进欧洲校园"活动中，汉英非遗术语的准确翻译和应用，为欧洲学生提供了更加直观和深入的了解和学习中国非遗的机会。该活动旨在通过对非遗项目的传授和学习，让国际学生更好地了解和认识中国的传统文化，从而推动国际间的文化交流和合作。

此外，在国际间非遗教育传播实践中，汉英非遗术语的标准化和统一化也是非常重要的。为此，中国非遗协会与国际非遗组织多次进行沟通和交流，共同制定了一系列非遗术语标准化的规范和指南。例如，在《世界非物质文化遗产保护公约》中，非遗术语的准确翻译和应用已被列为非遗保护工作的重要内容之一。这一举措为国际间非遗教育传播的标准化和规范化提供了重要保障，促进了非遗项目的更广泛传播和认知。

此外，汉英非遗术语的应用也需要考虑到不同文化背景和语言习惯的差异。例如，在英语国家中，对于"传承人"的翻译可能会有所不同，有些可能会翻译为"传统技艺传承人"，有些可能会翻译为"非物质文化遗产代表性传承人"。因此，在实践中需要根据具体情况进行灵活运用和适度调整。

总的来说，在非遗应用与实践中，汉英非遗术语的准确翻译和应用，对于促进国际间的文化交流和合作具有非常重要的意义。通过非遗项目的传授和学习，不仅可以增进国际学生对中国传统文化的了解和认知，更能够推动国际间非遗教育交流和合作的开展。在实践中，我们需要不断完善和规范汉英非遗术语的翻译和应用，同时也需要考虑到不同文化背景和语言习惯的差异，确保术语的准确性和统一性，从而为非遗保护和传承工作提供更加坚实的基础和支撑。

四、术语应用的评估和反思

在非遗领域，汉英非遗术语的应用是非常重要的，因为准确的术语能够促进非遗的保护、传承和推广。然而，在实际应用中，汉英非遗术语的标准化和准确性仍然存在一些问题，需要进行评估和反思。本节将从以下三个方面对汉英非遗术语的应用进行评估和反思。

（一）术语标准化程度的评估和反思

在非遗保护、传承、研究、教育等领域，术语的标准化程度对于促进非遗的发展和推广至关重要。然而，目前汉英非遗术语的标准化程度还不够，存在一些混淆、错误或不规范的情况。在一些非遗项目的官方介绍中，出现了中英文不一致的情况，例如，将"民间工艺"翻译为"folk handicraft"而不是"folk art"，将"非遗传承人"翻译为"non-heritage inheritor"而不是"intangible cultural heritage inheritor"。这些错误不仅会影响非遗的准确性和可读性，还会给非遗保护和传承带来负面影响。

为了提高汉英非遗术语的标准化程度，可以采取以下措施。

（1）制定术语标准：可以由专家和学者共同制定非遗领域的术语标准，包括术语的中英文对照、释义和使用规范等。

（2）加强培训：可以通过举办研讨会、讲座等形式，向非遗从业人员和研究人员普及术语的正确使用和标准化要求。

（3）审核和修改官方文献：可以通过审核和修改非遗项目的官方介绍、研究报告等文献，确保其中的术语使用正确、准确和标准化。

（二）术语翻译的评估和反思

在汉英非遗术语的应用中，术语翻译的准确性和质量对于促进非遗的交流和合作是非常必要的。然而，在实际应用中，术语翻译的准确性和质量也存在一些问题。例如，在某些翻译场景中，由于翻译人员的文化背景和专业知识不足，导致术语翻译不准确或不规范。此外，术语翻译的标准化程度也存在不足，导致同一术语可能存在多个翻译，造成了术语的混淆和不统一。因此，对于汉英非遗术语的应用，需要对术语翻译进行评估和反思，以提高翻译的准确性和标准化程度。

评估术语翻译的准确性和质量可以采用多种方法，例如，专家评审、语料库分析、调查问卷等。专家评审是一种常用的方法，即由领域专家对术语翻译进行评审，给出评分和反馈意见。语料库分析可以通过对大量相关文献和语料进行分析，得出术语翻译的使用频率和准确性等数据。调查问卷可以通过调查用户的理解和使用情况，了解术语翻译的效果和不足之处。

反思术语翻译的准确性和质量也需要多方面考虑。例如，需要注意文化背景的差异，避免出现文化误解导致的术语翻译不准确。同时，需要对术语翻译进行标准化，避免同一术语出现多种翻译，影响术语的统一性和准确性。此外，也需要注意时效性和动态性，随着非遗项目的传承和发展，术语的使用和定义也可能随之变化，需要及时反思和更新术语翻译。

总之，术语翻译的准确性和质量对于汉英非遗术语的应用至关重要。通过评估和反思术语翻译，可以提高术语的准确性和标准化程度，促进非遗的交流和合作，为非遗保护和传承做出更大的贡献。

本章主要介绍了术语在非遗领域中的应用和实践情况。通过对多个实际场景的分析，我们可以看到术语的应用需求非常广泛，涉及非遗保护、传承、研究、展示等多个方面。同时，我们也可以看到术语应用在实践中产生的积极成果，比如有助于不同领域专家的沟通交流、促进非遗保护技术的传承和创新、提高非遗研究成果的精准度和可比性等。但是，在术语应用中也存在一些问题和挑战，比如术语的多义性、歧义性和语言间的差异性等，这些问题需要我们在实践中加以解决和改进，进一步推动术语应用在非遗领域的发展和应用效果的提升。

第十三章　跨学科合作与创新

随着社会经济的发展和文化交流的加深，非遗的保护和传承变得越来越重要。同时，随着信息技术的不断发展和广泛应用，对非遗术语的翻译、挖掘和整理工作也提出了新的要求和挑战。因此，跨学科合作和创新思维的应用在非遗术语研究中显得尤为重要。

一、跨学科合作的必要性和意义

跨学科合作能够促进非遗术语的应用和推广。非遗术语作为非物质文化遗产的重要组成部分，准确性和标准化程度对于非遗的传承和保护具有至关重要的意义。然而，由于非遗的特殊性质，非遗术语的研究和应用需要考虑多种因素，包括语言、文化、历史、艺术等。跨学科合作可以汇集各个领域的专业知识和技能，协同完成非遗术语的研究和应用，更好地为非遗的传承和保护提供服务。

同时，跨学科合作还能促进非遗术语研究与其他领域的交流和合作。非遗术语的研究涉及多个领域，例如，文化遗产保护、语言翻译、信息技术等。跨学科合作可以促进这些领域之间的交流和合作，共同推动非遗术语研究和应用的进步和发展。

比如，在术语挖掘和提取过程中，需要运用自然语言处理（NLP）技术。在这一过程中，需要涉及计算机科学、人工智能、语言学等多个学科的知识。计算机科学提供了基础的编程和算法知识，语言学提供了对语言的理解和分析，而人工智能则能提供更高级的自然语言处理技术。跨学科合作能够让各领域的专家在各自的领域内深入研究，并将各自的成果整合到一个综合性的研究中，从而获得更好的研究成果。

另一个例子是在术语标准化的过程中，需要涉及文化学和法律学等学科的知识。文化学可以提供对非遗的理解和分析，从而有助于术语标准化的设计和实施。而法律学则能够提供对法律规定和标准的理解和分析，为术语标准化提供法律支持和保障。跨学科合作可以让专家们深入研究各自领域，并将各自的成果汇集到一个综合性的研究中，以获得更好的研究成果。

这些例子表明，非遗术语研究需要跨学科合作，不同学科的专家需互相合作，共同推动非遗术语研究的发展。跨学科合作不仅有助于提高研究质量，还促进了非遗术语研究的应用与实践，推动了非遗保护与传承的发展。

因此，跨学科合作是非遗术语研究中不可或缺的一部分。只有通过跨学科合作，才能更好地充分利用各个学科的优势，提供全面、深入的研究成果，为非遗的传承和保护做出更大的贡献。

二、跨学科合作的现状和发展趋势

除了术语挖掘和提取、术语标准化和对照建立等方面，跨学科合作在非遗保护与传承等领域也有广泛的应用空间。例如，传统音乐、舞蹈、戏

第十三章 跨学科合作与创新

剧等非遗项目需要进行现场记录和采集,这就需要音乐学家、舞蹈学家、戏剧学家、摄影师等不同学科的专业人才合作。同时,传承非遗还需要大量的社会心理学和教育学知识,这就需要相关学科的专家和学者参与。

在非遗保护和传承领域,跨学科合作的应用非常广泛。例如,在文化遗产数字化方面,需要计算机科学家、数字化人文学家、文化遗产专家等多个学科的专业人才合作。他们需要运用先进的数字技术,将非遗项目的图像、音频、视频等数字化信息记录下来,从而有助于保护和传承非遗项目,并将其呈现给更广泛的人群。此外,在非遗项目的展览和传播方面,需要展示设计师、营销专家、传媒专业人士等多个学科的合作。这些专业人士可以结合传统文化和现代技术,设计出更具吸引力和趣味性的展览和推广活动,将非遗项目推向更广泛的观众群体中。

此外,跨学科合作还可以促进非遗项目的保护和传承理念的传播。例如,在非遗保护和传承的理念宣传和教育方面,需要社会学家、教育学家、文化学家等多个学科的专家共同合作。他们可以通过开展各种文化活动、文化教育项目、公益活动等,让更多的人认识、理解和参与非遗保护和传承,从而推动非遗项目的可持续发展。

另外,跨学科合作也可以促进非遗项目的可持续发展。例如,传统手工艺品的制作需要考虑材料、工具、技术、文化背景等多个因素,需要材料科学、工艺学、文化学、经济学等多个学科的专业人才共同研究。这样的跨学科合作可以促进非遗项目的文化传承和经济发展。

综上所述,跨学科合作在非遗保护和传承领域的应用空间非常广泛,通过不同学科的专家和学者之间的合作,可以提高非遗保护工作的质量和效率,并促进非遗项目的可持续发展。

三、跨学科合作的案例研究和成果

跨学科合作的案例研究和成果在非遗术语研究中已经开始显现出来。例如，在文化学和计算机科学领域的合作中，研究人员基于文化语境和计算机技术相结合，开发了一些非遗术语的挖掘和提取工具。在语言学和计算机科学领域的合作中，研究人员利用计算机和语言学方法，建立了非遗术语的语料库和词典，为非遗术语研究提供了基础数据支持。

此外，跨学科合作还可以为非遗术语研究提供更全面和深入的文化解释。例如，在音乐文化方面，音乐学家和文化学家可以结合自己的专业知识，对非遗音乐术语进行更加深入的解读和解释。这样可以更好地理解非遗音乐的文化内涵和历史背景，有助于保护和传承非遗音乐文化。

例如，中山大学的研究团队与华南师范大学的研究团队合作开展了非遗术语研究。研究团队通过文献调研和田野调查等方式，收集了大量的非遗术语数据，并结合计算机语言处理技术进行了术语挖掘和提取。同时，他们还进行了跨学科合作，将文化学、语言学和计算机科学等学科的专业知识相结合，对非遗术语进行了标准化和对照建立。最终，形成了一个非遗术语的标准化词库，为非遗术语的应用提供了有力的支撑。

总之，跨学科合作已经成为非遗术语研究的重要趋势。其带来的成果和贡献将为非遗保护和传承工作做出更大的贡献。

四、创新思维在非遗术语研究中的应用

非遗术语研究中的创新思维应用可以帮助研究者提出新颖的观点和方法，推动研究领域的发展。例如，在非遗术语翻译研究中，传统的翻译方法已经无法满足研究需求，需要采用创新思维来探索新的翻译方式。一种

第十三章 跨学科合作与创新

创新思维方法是采用类比思维,将非遗术语与其他领域的术语进行比较,寻找共性和差异,从而开发出更加准确的翻译方法。另外,非遗术语研究中还可以采用设计思维,将非遗术语研究视为一个设计问题,寻找最优解决方案。

创新思维在非遗术语研究中具有重要意义,它可以帮助研究者寻找新的解决方案和方法。例如,在非遗术语翻译的过程中,创新思维可以帮助研究者寻找更恰当的翻译方式,以确保翻译的准确性和易读性。有时候,某些非遗术语没有对应的英文词汇,这时研究者就需要发挥创新思维,创造新的术语或采用类比的方式进行翻译。

创新思维还可以帮助研究者开发新的非遗术语资源和工具,以便更好地支持非遗保护和传承。例如,一些研究者通过数据挖掘技术,建立了包含大量非遗术语信息的数据库。这样的数据库可以帮助其他研究者更方便地获取和使用非遗术语资源。另外,一些研究者还通过机器翻译等技术,开发了非遗术语的翻译工具,这样的工具可以帮助非英语国家的研究者更方便地获取和理解英文的非遗术语信息。

创新思维也可以帮助研究者探索非遗术语的深层含义和文化背景。在非遗术语研究中,许多术语与特定的文化和历史背景密切相关,这就需要研究者拥有跨文化交流和理解的能力。通过创新思维,研究者可以从不同的角度去探索非遗术语的文化背景和意义,以帮助更好地理解和传承非遗项目。

除了翻译研究,创新思维还可以应用于非遗术语的保护和传承中。例如,在非遗术语传承中,创新思维可以帮助传承人开发出更好的教育方式,以吸引更多年轻人参与非遗术语的学习和传承。同时,创新思维还可以帮助传承人开发出更加生动有趣的非遗术语宣传方式,吸引更多公众对非遗术语的关注和认知。

综上所述,创新思维在非遗术语研究中具有重要的应用价值,可以帮助研究者在翻译、保护和传承等方面寻找创新的解决方案。

  本章的重点在于强调多领域合作和跨学科交流在非遗术语研究中的重要作用，并通过具体案例展示了跨学科合作的成果和应用价值。同时，本章还讨论了创新思维在非遗术语研究中的应用，旨在启发研究者更加积极地探索创新方法和思路，推动非遗术语研究向更深层次、更广领域发展。

第十四章　多语言术语对照的建立

随着全球化的不断推进，多语言交流变得越来越普遍。在非遗领域，建立多语言术语对照具有重要意义。本章探讨多语言术语对照的建立，包括概念和方法、技术和工具、质量评估方法以及在非遗传承和跨文化交流中的应用。通过这一章的学习，读者将了解如何建立准确、可靠、可持续的多语言术语对照，促进非遗的传承和跨文化交流的发展。

一、多语言术语对照建立的概念和方法

多语言术语对照建立需要考虑语言的差异、语义的转化以及文化的差异等因素。对照建立的方法包括词汇对照法、语义对照法、上下位关系对照法等。其中，词汇对照法是最常用的方法，其基本思路是通过词汇相似性来确定术语的对应译名。语义对照法则是通过语义的比较和分析来确定术语的对应译名，常用的方法包括概念比较法和语义转化法。上下位关系对照法则是通过词语之间的上下位关系来确定术语的对应译名，这种方法适用于层次结构较为明确的术语。

在非遗保护和传承中，多语言术语对照建立也是非常重要的。例如，中国的非遗很多都有独特的名称和术语，这些术语在国外可能没有对应的翻译或者翻译不准确。如果没有统一的术语对照建立，可能会导致交流不畅或者误解。因此，建立多语言的非遗术语对照表具有重要意义。

在建立多语言术语对照表时，还需要考虑语境和文化因素。例如，中国的非遗项目很多都有深厚的文化背景和历史意义，因此需要考虑到文化差异的影响。此外，有些术语在不同的语境下可能有不同的含义，还需要注意语境的选择和对比。

除了传统的对照建立方法，还可以借助现代技术和工具来辅助多语言对照建立。例如，机器翻译技术和语料库工具可以帮助分析术语在不同语境下的含义和用法，提高对照建立的准确性和效率。同时，也可以建立在线的多语言术语对照平台，方便研究者和实践者进行术语对照和交流。

总之，多语言术语对照建立对于非遗保护和传承的跨国交流和合作起着重要作用，需要综合考虑语言、文化和技术等多个因素。

二、多语言术语对照建立的技术和工具

在多语言术语对照建立过程中，有许多技术和工具可供使用。以下是一些常用的工具和技术。

（1）计算机辅助翻译（CAT）工具：CAT 工具是一种软件，可以提高翻译的效率和质量。CAT 工具能够在翻译过程中提供术语管理功能，帮助译员保持术语的一致性。SDL Trados Studio 是一款知名的 CAT 工具，它可以帮助翻译人员快速翻译文本，并提供术语管理功能，确保在翻译过程中使用正确的术语。该工具还能自动创建翻译记忆库，以便在后续翻译中重复利用之前翻译的内容，提高翻译的一致性和效率。

（2）术语管理工具：术语管理工具用于管理术语，包括术语库的建立、管理、更新、共享和发布等功能。术语管理工具通常具有术语识别、术语提取、术语审核、术语查询等功能，可以协助用户更好地管理术语。MultiTerm 是一款术语管理工具，可用于创建和管理术语库。用户可以向库中添加术语及其对应的翻译，并补充相关信息，如定义、示例用法等。还可以将库导出为各种格式，以便与其他翻译工具和系统集成。

（3）语料库：语料库是一种庞大的文本数据库，其中存储了大量的语言数据。语料库可用于支持翻译记忆库的构建和管理，以提升翻译的一致性和准确性。此外，语料库还可用于支持机器翻译等自然语言处理任务。EuroParl 语料库是收录了欧洲议会会议记录的语料库，它包含了来自 23 个欧盟成员国的 24 种语言。该语料库可用于辅助翻译记忆库的构建和管理，翻译人员可借助其中已翻译的文本提升翻译的一致性和准确性。

（4）翻译记忆库：翻译记忆库是为翻译工作专门设计的数据库，其中储存着翻译人员在工作中使用过的翻译片段。翻译记忆库可以提高翻译的一致性和准确性，减少翻译人员的工作量，提升翻译的效率。TAUS Data Cloud 是一个在线的翻译记忆库，其中收录了超过 10 亿个翻译句子。该库可用于提供翻译记忆和机器翻译服务，以便在翻译过程中重复使用之前翻译的内容，提高翻译的一致性和效率。

（5）术语抽取工具：术语抽取工具可以自动从文本中抽取出专业术语，以便进行术语管理和翻译记忆库的构建。该工具通常使用基于统计的方法或机器学习方法来识别术语。

综上所述，这些技术和工具可以帮助翻译人员更好地管理术语，提升翻译的一致性和准确性，从而更好地实现多语言术语对照的建立。

三、多语言术语对照建立的质量评估方法

多语言术语对照建立的质量评估是确保多语言术语对照准确、一致和可用的重要环节。以下是一些常见的多语言术语对照质量评估方法。

（1）语言专家评估：语言专家评估是目前最为常用的方法之一，通过专家对翻译结果的准确性和一致性进行评估。这些专家可以是语言学家、翻译专家或领域专家等，他们根据专业术语词典、语料库和翻译记忆库等信息进行评估。这种专家评估的优势在于能够获得专业和权威的评估结果，但缺点在于评估结果受到专家主观性和时间成本的影响。

（2）自动评估：自动评估是通过计算机程序评估翻译结果的质量，包括术语的一致性和正确性等。自动评估的方法有很多，如词义相似度比较、词频统计和语言模型等。自动评估的优势在于可以快速获取评估结果，但缺点在于评估结果可能不够准确和灵活。

（3）用户评估：用户评估是通过用户使用后的反馈评估翻译结果的可用性和适用性等。这种方法的优势在于可以获得真实的用户反馈和需求，但缺点在于样本数量不足且用户反馈可能不一致。

以上三种方法可以结合使用，以获取更全面和客观的多语言术语对照质量评估结果。

举个例子，假设有一个跨国公司要将其产品手册翻译成多种语言以供全球销售。为了确保翻译的准确性和一致性，该公司可以采用多语言术语对照建立的方法。首先，公司可以使用术语管理工具，如 SDL MultiTerm 或 MemoQ，来建立术语库，并为每个术语在各种语言中确定相应的翻译。接下来，翻译人员可以在 CAT 工具中使用这些术语库，以确保在翻译过程中使用正确的术语和词汇。最后，公司可以使用语言专家评估、自动评估或用户评估等方法来评估翻译质量，并对术语库进行更新和改进，以不断

提高翻译质量和效率。

再比如：假设一个公司正在进行跨国营销活动，并需要将其营销材料翻译成多种语言以吸引本地客户。为了确保翻译的准确性和一致性，该公司可以使用术语管理工具来创建一个术语库，并在不同语言版本中统一使用相同的术语，以确保一致性和准确性。同时，该公司还可以借助计算机辅助翻译（CAT）工具提高翻译效率和质量，并利用语料库支持翻译记忆库的构建和管理，从而提高翻译的一致性和准确性。在完成翻译后，该公司可以通过语言专家评估和用户评估等方法来评估翻译结果的质量，进一步提升翻译的准确性和可用性。

四、多语言术语对照在非遗传承和跨文化交流中的应用

多语言术语对照建立在非遗传承和跨文化交流中具有重要的应用价值。在非遗传承中，不同地区和国家间拥有各自独特的非遗，这些遗产往往伴随着特定的术语和词汇。因此，有必要进行多语言术语对照建立，以确保在传承过程中信息的准确性和一致性。例如，中国的传统戏曲中存在许多独特的术语和词汇，如"梨园子弟""净""丑"等。这些术语对于戏曲传承的保护和推广具有重要意义。因此，在多种语言中建立对应的翻译名称是必要的，以便更好地进行跨文化传播。

在跨文化交流中，多语言术语对照同样具有重要作用。随着全球化的发展，越来越多的人涉足国际交流和合作中。这就需要跨越语言和文化的障碍，进行有效的交流和合作。在这种情况下，多语言术语对照可以帮助人们在不同的语言和文化背景下进行有效的交流。例如，在国际贸易中，各国之间存在着不同的商业术语和规则。这就需要进行多语言术语对照，

以确保双方的交流准确无误，避免误解和纠纷的发生。

因此，多语言术语对照建立在非遗传承和跨文化交流中具有重要的应用价值。它不仅可以帮助人们更好地理解和传承文化遗产，而且可以帮助人们跨越语言和文化的障碍，进行有效的交流和合作。

比如，一个实际的例子是中国非遗传承中的多语言术语对照建立。中国非遗涵盖了多种传统技艺、民间艺术和文化活动。在中国非遗传承中，需要进行跨语言的交流和合作，因此多语言术语对照建立非常重要。

例如，中国非遗中有一种叫"剪纸"的传统技艺，艺人用不同的颜色和纸张制作出各种各样的形象。在进行多语言交流时，需要将"剪纸"这个术语对应到不同语言中的准确译名。通过多语言术语对照建立，可以确定"剪纸"的英文译名为"paper cutting"，法文译名为"papier découpé"，西班牙文译名为"papel recortado"等。这样，在跨语言的合作与交流过程中，来自不同语言背景的人们能够准确理解"剪纸"这一传统技艺所蕴涵的意义和文化价值。

另一个应用多语言术语对照的领域是跨文化交流。举例来说，一家国际公司可能需要将其产品文档翻译成多种语言，以便在全球范围内推广销售。这就要求确保各语言版本的文档使用一致的术语，以避免混淆和误解。通过建立多语言术语对照，公司能够确保各语言版本的文档使用相同的术语和翻译，从而提升产品质量和客户满意度。此外，多语言术语对照还能协助公司更好地理解不同文化之间的差异，从而实现更佳的跨文化交流。

本章主要介绍了多语言术语对照的建立，包括概念和方法、技术和工具、质量评估方法以及在非遗传承和跨文化交流中的应用。在多语言交流与翻译中，多语言术语对照建立具有关键性的意义，因为不同语言表达方式与文化背景的差异可能导致术语的误解或误译。多语言术语对照建立需考虑诸如语言差异、语义转化和文化差异等因素，常见的对照方法包括词汇对照法、语义对照法和上下位关系对照法等。在技术与工具方面，计算机辅助翻译工具、术语管理工具、语料库和翻译记忆库等能够提高翻译效率和质量。而质量评估方法则包括语言专家评估、自动评估和用户评估等，以评估翻译结果的准确性、一致性、完整性和可用性等因素。在非遗传承和跨文化交流中，多语言术语对照的建立也发挥了重要作用，比如将非遗文化的术语对照为多种语言，以促进文化的传承与交流。综上所述，多语言术语对照建立在跨语言交流与翻译中发挥着重要作用，并拥有广泛的应用前景。

第十五章　总结与展望

随着中国非遗保护事业的不断发展，对于非遗术语的研究也越来越受到关注。本书从术语挖掘和提取、术语整理和标准化、汉英术语对照建立等方面系统阐述了非遗术语研究的相关内容。本章将对前几章内容进行回顾和总结，并展望未来的研究方向。通过对本书内容的总结与归纳，旨在为非遗术语研究领域的研究者提供参考和启示，推动非遗术语研究的深入发展。

一、研究成果回顾和总结

本书主要围绕汉英非遗术语的研究展开，研究内容包括术语的定义、翻译、应用和标准化等方面。通过对现有汉英非遗术语研究的综合分析，本书得出了一系列的研究成果。

首先，在汉英非遗术语的定义方面，梳理了现有研究成果，从不同的角度解释了非遗术语的概念和内涵，为非遗术语的进一步研究和应用提供了理论基础。

其次，在术语翻译方面，本书深入探讨了汉英非遗术语的翻译策略和方法，提出了一些可行的翻译方案，并对现有翻译成果进行了评估和反思。通过对术语翻译的研究，认为术语翻译的准确性和标准化程度对于非遗的传承和保护至关重要。

此外，在术语应用方面，研究了汉英非遗术语在非遗保护、非遗教育传播、非遗研究和国际交流等领域的应用情况，并探讨了其应用效果和存在的问题。术语的准确性和标准化程度对于促进非遗的交流和合作是非常必要的。

最后，在标准化方面，本书提出了一些标准化的建议，包括建立汉英非遗术语数据库、制定术语标准和推广术语规范等。通过对标准化的研究，认为术语标准化是保障非遗传承和保护的重要手段，也是促进非遗交流和合作的重要保障。

综上所述，本书的研究成果对汉英非遗术语的研究和应用具有重要意义。未来，可以进一步深入研究非遗术语的标准化、应用和推广等方面，为非遗的保护、传承和发展做出更大的贡献。

二、未来研究方向和展望

在当前数字化、全球化的时代背景下，汉英非遗术语的应用和翻译已成为非遗保护、传承和研究的重要组成部分。然而，目前对汉英非遗术语的研究还存在一些不足和挑战。

首先，汉英非遗术语的研究仍然存在一定的局限性。虽然目前已有不少学者对汉英非遗术语进行了研究和探讨，但仍缺乏覆盖民俗和传统节日等方面的非遗项目。因此，在未来的研究中，需要进一步拓展研究范围，探讨更多非遗项目的汉英术语。

其次，汉英非遗术语的标准化程度有待提高。在实际应用中，术语的准确性和标准化程度对于促进非遗的交流和合作至关重要。因此，需要加强汉英非遗术语的标准化建设，建立更完善的术语数据库和标准化规范。

第三，未来的研究需更注重实践应用和案例研究。尽管目前对汉英非遗术语的研究已取得一定成果，但在实际应用中仍面临一些挑战和问题。因此，未来的研究应更注重实践应用和案例研究，探讨汉英非遗术语在实际应用中的效果和应用价值。

最后，未来的研究需要更加注重跨学科和跨文化的研究。汉英非遗术语的研究涉及语言学、文化学、艺术学等多个学科领域，同时也涉及不同文化背景和传统的交流和合作。因此，未来的研究需要更加注重跨学科和跨文化的研究，加强学科交叉和合作，促进不同文化之间的交流和合作。

总之，汉英非遗术语的研究和应用具有重要的现实意义和学术价值。在未来的研究中，需要进一步加强标准化建设，注重实践应用和案例研究，促进跨学科和跨领域的合作，推动汉英非遗术语的更加精准和规范的应用。

综上所述，汉英非遗术语的研究和应用是非常必要的，具有重要的现实意义和学术价值。未来的研究需要加强标准化建设，注重实践应用和案例研究，促进跨学科和跨领域的合作，推动汉英非遗术语的更加精准和规范的应用。这将为非遗的保护和传承提供更加可靠和有效的支持，促进非遗文化的传承和发展。

参考文献

[1] Allen J, 2003. Post-Editing [M] //H. Somers (ed.) Computers and Translation: A Translator's Guide. John Benjamins Publishing, Amsterdam.

[2] Palma D, Donald A. Post-Edited Machine Translation Define [EB/OL]. (2013-04-30) [2014-02-21]. http://www.commonsenseadvisory.com/AbstractView.aspx?ArticleID=5499.

[3] Hutchins W J, Somers H L, 1992. An Introduction to Machine Translation [M]. San Diego, CA: Academic Press.

[4] ISO TC 37. ISO 18587 Translation services—Post-Editing of Machine Translation Output—Requirements [Z]. 2014.

[5] Shuttleworth M, Cowie M, 1997. Dictionary of Translation Studies [M]. St. Jerome publishing.

[6] SDL. 塑造内容翻译的未来——机器翻译和译后编辑简介 [EB/OL]. (2013-03-29) [2014-02-21]. http://www.sdl.com/cn/download/

shaping-the-future-of-content-translation-anintroduction-to-machine-translation-and-postediting/25205.

［7］Wiseman N，Andrew E，1996. Fundamentals of Chinese Medicine［M］. Brookline：Paradigm Publications，66.

［8］崔启亮，2014. 论机器翻译的译后编辑［M］. 中国翻译（6）：68-73.

［9］巢文涵，2008. 基于双语语料库的机器翻译关键技术研究［D］. 湖南：国防科学技术大学.

［10］程维，魏子杭，2021. 翻译技术教学中的高阶思维培养［J］. 上海翻译（3）：39-44.

［11］陈昕，2020. 平行语料库在翻译教学中的应用研究［J］. 文化创新比较研究，4（13）：83-84.

［12］陈晓倩，杨姗姗，2019. 翻译行为理论视角下中成药说明书的英译［J］. 广西中医药大学学报（1）：128-131.

［13］陈向荣，2017. 顺应论对中药说明书英译的启示［J］. 广西中医药大学学报（2）：95-96，116.

［14］冯志伟，2012. 术语［C］//魏向清，赵连振. 术语翻译研究导论. 南京：南京大学出版社，51.

［15］冯志伟，2004. 机器翻译研究［M］. 北京：中国对外翻译出版公司，12.

［16］方梦之，2004. 译学辞典［M］. 上海：上海外语教育出版社，218.

［17］方梦之，2004. 中国译学大辞典［M］. 上海外国语教育出版社.

［18］康文颖，刘可谦，2021. 跨文化视角下河北非遗翻译的方法策略分析［J］. 校园英语（17）：249-250.

［19］范武邱，杨寿康，2001．科技翻译的虚实互化［J］．中国科技翻译（2）：1-4，54．

［20］方梦之，2021．翻译的元策略、总策略和分策略［J］．上海翻译（3）：1-6．

［21］高新颜，朱建平，2014．论中医药学名词审定系统性原则的实施［J］．中国科技术语，16（1）：9-13．

［22］哈贝马斯．哈勒，1994．交往行动理论［M］．洪佩郁，蔺青，译．重庆：重庆出版社．

［23］哈贝马斯．哈勒，2001．作为未来的过去［M］．章国锋，译．杭州：浙江人民出版社．

［24］何夕泉，2018．论非遗术语标准化的现实意义与路径选择［J］．山西社会科学（2）：67-72．

［25］侯灿，1994．中医术语英译问题的商讨［J］．中国中西医结合杂志（1）：46-50．

［26］胡开宝，李翼，2016．机器翻译特征及其与人工翻译关系的研究［J］．中国翻译（5）：10-14．

［27］胡文仲，1996．跨文化交际学概论［M］．北京：外语教育与研究出版社．

［28］黄欣贤，樊蓥，科奇，等，1993．中医基本理论名词术语英译探讨（四）［J］．中国中西医结合杂志（4）：240-242．

［29］龚群，2005．道德乌托邦的重构——哈贝马斯交往伦理思想研究［M］．北京：商务印书馆．

［30］蒋丽平，2022．跨文化视角下非物质文化遗产翻译策略探究——以广东非遗英译为例［J］．清远职业技术学院学报（1）：69-74．

［31］蒋丽平，2022．非物质文化遗产汉英平行语料库的创建与应用［J］．

中国非物质文化遗产（2）：118-124.

［32］蒋丽平，2022. 基于汉英平行语料库的非遗名词术语翻译研究［J］. 语言与文化研究（3）：178-183.

［33］蒋丽平，2022. 交往理性视域下中医药功效语的英译策略及对非遗术语翻译的启示［J］. 文化创新比较研究，6（27）：54-57.

［34］蒋丽平，吕梦雷，陈梦梦，等，2022. 国家级非物质文化双语平行语料库在翻译实践教学中的应用［J］. 语言与文化研究（2）：153-158.

［35］蒋丽平，2022. 非物质文化遗产汉英平行语料库的创建与应用［J］. 中国非物质文化遗产（2）：118-124.

［36］蒋林，2002. 中药名及其功效语的汉英翻译［J］. 中国科技翻译（4）：55-57.

［37］刘琴，2019. 非遗语言翻译中的文化适应性探析［J］. 广西民族大学学报（哲学社会科学版）（4）：28-34.

［38］李维荣，刘海霞，2020. 非遗术语翻译的"文化自觉"视角［J］. 外语教育与研究（6）：93-99.

［39］林宗豪，王宏，2017. 古代科技典籍英译本现状及成因的传播学阐释［J］. 中国科技翻译（8）：60-63，25.

［40］李孝英，邝旖雯，2021. 从中医典籍外译乱象看中国传统文化翻译的策略重建——以《黄帝内经》书名翻译为例［J］. 外语电化教学（5）：26-33，4.

［41］李清平，陈可培，2009. 林语堂翻译"美"的探究［J］. 宜宾学院学报（5）：92.

［42］李成华，孙慧明，孙慧，2019. 生态翻译"三维"译论视角下的中医英译初探［J］. 中国中医基础医学杂志（11）：1597-1599.

［43］李文杰，2018．向生活世界回归的翻译研究——哈贝马斯交往行为理论对翻译研究的启示［J］．吉林广播电视大学学报（1）：54-55．

［44］李振吉，2011．中医基本名词术语中西对照国际标准［M］．北京：人民卫生出版社，1–509．

［45］李文杰，2017．哈贝马斯面向生活世界的交往行为理论外语学刊［J］．外语学刊（4）：29-33．

［46］李奉栖，2021．基于神经网络的在线机器翻译系统英汉互译质量对比研究［J］．上海翻译（4）：46-52．

［47］刘宓庆，1999．翻译与语言哲学［M］．北京：中国翻译出版公司．

［48］刘宓庆，2010．翻译学呼唤"回归美学"［J］．外语与翻译（3）：8-10．

［49］刘干中，吕维柏，谢竹藩，等，1992．中医基本理论名词术语英译探讨（一）［J］．中国中西医结合杂志（6）：327-329，344．

［50］刘法公，2000．商贸中医术语汉英翻译规律［J］．中国翻译（5）：45-50．

［51］刘祥清，2010．音译与可译性限度的消解［J］．中国科技翻译（2）：38-41．

［52］李涛安，王萌，2022．中药资源Trados双语术语库建设初步探索研究［J］．中国中医药现代远程教育，20（10）：53-55．

［53］刘冲亚，2015．浅谈计算机辅助翻译TRADOS的优势［J］．科技视界（2）：216-217．

［54］刘勇，杨世林，龚千锋，2015．江西中药资源［M］．北京：中国科学技术出版社，12．

［55］陆道恩，2016．"一带一路"背景下贵州非遗的英译外宣方法探

析［J］．长春工程学院学报（社会科学版），17（3）：80-82，86．

［56］骆东升，2021．中药说明书功效语的英译探究［J］．现代交际（2）：69-71．

［57］毛荣贵，范武邱，2003．英汉翻译技巧示例［M］．上海：上海交通大学出版社．

［58］欧阳利锋，2002．中医药说明书的英译［J］．中国科技翻译（2）：17-20．

［59］彭杰青，1991．英汉对照医学读物——病理学［M］．上海：上海科学技术出版社，162-196．

［60］乔春梅，2017．河南非遗的外宣翻译方法探析［J］．知识文库（4）：27，15．

［61］上海市文化广播影视管理局，2011．上海市非物质文化遗产名录图典［M］．潘文国，等译．上海：上海文化出版社．

［62］沈韵，张炼，2018．基于平行语料库的计算机辅助翻译软件在翻译教学中的应用——以雪人CAT软件为例［J］．外语翻译教学探讨（6）：247-250．

［63］孙琳，韩彩虹，2021．《北京折叠》中文化负载词的英译——生态翻译学视角［M］．上海翻译（4）：90-94．

［64］孙春华，魏琳，2021．基于非遗术语的中国传统文化英译研究［J］．国际汉语教育（2）：106-114．

［65］邵念方，1990．《中医诊断学》Diagnostics of Traditional Chinese Medicine［M］．王齐亮，译．山东：山东科学技术出版社．

［66］唐韧，2015．中医跨文化传播：中医术语翻译的修辞和语言挑战［M］．北京：科学出版社，94-95．

［67］许敏，王军平，2016.中国非物质文化遗产文化概念的英译研究［J］.西安外国语大学学报，24（2）：108-112.

［68］许妙，2018.《非遗保护与湖南花鼓戏研究》中戏曲术语的英译［D］.湖南：湖南科技大学.

［69］熊兵，2013.翻译研究中的概念混淆——以翻译策略、翻译方法和翻译技巧为例［J］.中国翻译（3）：84.

［70］万华，2014.语义透明与汉语熟语的直译趋近［J］.上海翻译（1）：15-19.

［71］魏春丹，许蔚，2017.平行语料库对翻译教学的应用研究评述——基于2000—2016年中国知网期刊的文献调查［J］.中国教育信息化（17）：30-33，38.

［72］王克非，秦洪武，2015，论平行语料库在翻译教学中的应用［J］.外语教学与研究，47（5）：10.

［73］王艳，2017.基于自建平行语料库的商务英语专业本科翻译教学模式研究［J］.黑龙江教育学院学报，36（2）：136-138.

［74］吴迪龙，2015.科技英语文章中的逻辑偏移及其汉译处理［J］.中国科技翻译（4）：1-4.

［75］王菊英，2004.科技翻译中的句法转换举隅［J］.科技英语学习（12）：39-41.

［76］王先霈，1999.文学批评原理［M］.武汉：华中师范大学出版社.

［77］王华树，2016.语料对齐技术和翻译应用研究［J］.中国科技翻译（4）：18-20.

［78］杨松霖，2019.双语平行语料库在汉英翻译教学中的应用［J］.现代交际（19）：17-18.

［79］王克非，2004.双语平行语料库在翻译教学上的用途［J］.外语电

化教学（6）：27-32.

［80］王克非，秦洪武，2015. 论平行语料库在翻译教学中的应用［J］. 外语教学与研究，47（5）：763-772，801.

［81］熊兵，2015. 基于英汉双语平行语料库的翻译教学模式研究［J］. 外语界（4）：2-10.

［82］王惠，2015. "精加工"平行语料库在翻译教学中的应用［J］. 中国翻译，36（1）：50-54.

［83］王洪华，2009. 英汉/汉英平行翻译语料库——翻译教学的新途径［J］. 长春师范学院学报（人文社会科学版），28（1）：129-132.

［84］许敬生，2015. 中医典故（中英文）［M］. 郑州：河南科学技术出版社.

［85］许天虎，2019. 传播学视角下中医药文化外宣翻译的"降噪"研究——以《黄帝内经·素问》的9个英译本对比分析为例［D］. 上海：上海外国语大学.

［86］杨文地，范梓锐，2021. 科技语篇机器翻译的译后编辑例析［J］. 上海翻译（6）：54-59.

［87］王汕，2015. 计算机辅助翻译结合译后编辑模式的可行性报告［D］. 武汉：华中师范大学.

［88］魏子超，2018. 从术语控制到文化自觉：非物质文化遗产保护法律术语的思考与建构［J］. 广西社会科学（3）：133-138.

［89］吴洁，谭咏，2019. 新时代非遗术语的翻译方法研究［J］. 外语界（6）：88-90.

［90］严冰，2020. 非遗术语翻译中的"适当表达"［J］. 东北师范大学学报（哲学社会科学版）（6）：131-135.

［91］余军，2018．CCAT 平台下的世界遗产翻译研究［J］．齐齐哈尔大学学报（哲学社会科学版）（2）：3．

［92］余军，王朝晖，2018，福建世界遗产双语语料库构建与应用［M］．厦门：厦门大学出版社．

［93］阮红波，2019．广西非物质文化遗产名称翻译的原则与方法［J］．英语广场（3）：44-46．

［94］郑泽蕾，刘润泽，2022．非遗术语翻译的知识理据创新及其应用研究——以剪纸为例［J］．中国科技术语，24（2）：85-91．

［95］章国锋，2001．哈贝马斯访谈录［J］．外国文学评论，27-32．

［96］张志鹃，2021．中医英语的翻译原则与策略——评《中医翻译研究教程》［J］．中国油脂，46（8）：160-161．

［97］詹菊红，金柏岑，2021．中医翻译研究的现状及展望［J］．医学与哲学（1）：72-76．

［98］朱雁，李汉成，唐婷，2020．目的论视角下中医药术语文本类型及翻译策略［J］．中医药导报，26（8）：118-120．

［99］中国新闻网．【中国共产党的"十万个为什么"】中国的非物质文化遗产为什么是世界最多的？［EB/OL］．（2021-03-22）［2021-04-05］．http://www.chinanews.com.cn/gn/2021/03-22/9437703.shtml．

［100］人民网．传承弘扬中华优秀文化 巩固拓展非遗扶贫成果［EB/OL］．（2021-05-20）［2021-05-21］．http://ent.people.com.cn/n1/2021/0520/c1012-32108973.html．

［101］网易新闻．"中国传统制茶技艺及其相关习俗"申遗成功［EB/OL］．（2022-11-30）［2022-12-30］．https://www.163.com/v/video/VCMFRDTIB.html．

［102］中华人民共和国中央人民政府．国务院关于公布第四批国家级非

物质文化遗产代表性项目名录的通知［EB/OL］．（2014-12-03）［2022-08-11］．https://www.gov.cn/zhengce/content/2014-12/03/content_9286.htm．

［103］中华人民共和国中央人民政府．国务院关于公布第三批国家级非物质文化遗产名录的通知．［EB/OL］．（2011-06-09）［2022-08-11］．https://www.gov.cn/zwgk/2011-06/09/content_1880635.htm．

［104］姚欣，盛洁，2012．功能对等理论视角下中医病证名英译探析［J］．医学与哲学（A），33（10）：72-74．

［105］杨明星，吴丽华，2016．医学文本Trados机辅翻译的质量与效率优势［J］．中国科技翻译，29（3）：30-32，20．

［106］吴丽华，2018．医学文本机辅翻译质量与效率实证研究［J］．中国科技翻译，31（1）：33-36．

［107］朱思媛，廖结英，张月，等，2016．中药功效术语英译问题初探［J］．中国中医基础医学杂志，22（5）：693-695．

［108］张伟，张磊，2019．非遗术语的英译研究——以《中国非物质文化遗产编目》为例［J］．江苏社会科学（2）：90-95．

［109］赵惠，2019．人机交互的跨境电商产品文案英译［J］．中国科技翻译（1）：4．

［110］赵丽丽，宋欣阳，2021．基于语料库的非物质文化遗产文本翻译方法探究［J］．文化学刊（1）：200-202．

［111］王汕，2015．计算机辅助翻译结合译后编辑模式的可行性报告［D］．武汉：华中师范大学．

［112］中国文化部，2006．中国非物质文化遗产名录［M］．北京：中国社会科学出版社．

［113］中国文化部，2013．《非遗保护与传承》丛书［M］．北京：中国

文化出版社.

[114]《中华传统文化词典》第2卷[M].北京：中华书局，2001.

[115]《中华传统文化大辞典》第2卷[M].上海：上海辞书出版社，2002.

[116]《中华传统文化大系：非物质文化遗产卷》第1卷[M].北京：中华书局，2007.

[117] 国家文物局，2008.非物质文化遗产词典[M].北京：中国文化出版社.

[118] 中国文化部，2012.《中国非遗与世界文化遗产》丛书[M].北京：中央文献出版社.

[119] 中医药学名词审定委员会，2005.中医药学名词[M].北京：科学出版社，1-463.